Sammlung Außerdeutscher Strafgesetzbücher in deutscher Übersetzung

Herausgegeben von
Professor Dr. Hans-Heinrich Jescheck,
Direktor des Instituts für ausländisches und internationales Strafrecht
an der Universität Freiburg i. Br.
und Professor Dr. Gerhard Kielwein, Saarbrücken

LXXXVII.

Das ungarische Strafverfahren

(A Népköztársaság Elnöki Tanácsának 1962, évi 8. számu törvényerejü rendelete a büntetö eljárásról)

Berlin 1966

Walter de Gruyter & Co.

vormals G. J. Göschen'sche Verlagshandlung · J. Guttentag, Verlagsbuchhandlung · Georg Reimer · Karl J. Trübner · Veit & Comp.

Das ungarische Strafverfahren

Gesetzeskräftige Verordnung Nr. 8 von 1962

In deutscher Übersetzung,
mit Erläuterungen und einer Einführung von

Dr. Ladislaus Mezöfy

Berlin 1966

Walter de Gruyter & Co.

vormals G. J. Göschen'sche Verlagshandlung · J. Guttentag, Verlagsbuchhandlung · Georg Reimer · Karl J. Trübner · Veit & Comp.

Gedruckt mit Unterstützung der Gesellschaft für Rechtsvergleichung

Archiv-Nr.: 2 463 66 1

Satz und Druck: Thormann & Goetsch · Berlin 44

INHALTSVERZEICHNIS

VIII. Kapitel

VORBEREITUNG DER VERHANDLUNG. (§§ 170—196)

IX. Kapitel

GERICHTSVERHANDLUNG. (§§ 197—220)

X. Kapitel

GERICHTLICHE ENTSCHEIDUNGEN AUF GRUND DER VERHANDLUNG. (§§ 221—232)

XI. Kapitel

BERUFUNG. (§§ 233—269)

ABKÜRZUNGEN

BHÖ	Amtliche Zusammenstellung der gültigen materiellen strafrechtlichen Vorschriften. Veröffentlicht durch das Justizministerium, Budapest 1958.
EG	Einführungsgesetz, GkVO Nr. 10 von 1962 über das Inkrafttreten und die Durchführung des Strafgesetzbuchs und einzelner Vorschriftsverletzungen, MAGYAR KÖZLÖNY Nr. 37 vom 27. 5. 1962.
G-A	Gesetz-Artikel.
GkVO	Gesetzeskräftige Verordnung.
StGB	V. Gesetz von 1961 über das Strafgesetzbuch, MAGYAR KÖZLÖNY Nr. 97 vom 22. 12. 1961. In Kraft gesetzt am 1. Juli 1962 durch die GkVO Nr. 10 von 1962.
StPO	III. Gesetz vom Jahre 1951 durch V. Gesetz vom Jahre 1954 modifizierter Text.
StV	GkVO Nr. 8 von 1962 über das Strafverfahren, MAGYAR KÖZLÖNY Nr. 33 vom 13. Mai 1962.
StV-Begr.	Ministerielle Begründung der GkVO Nr. 8 von 1962. — Das Strafverfahren. Herausgegeben vom Justizministerium, Budapest 1962, S. 5.

EINFÜHRUNG

I.

Der vorliegende Strafverfahrenskodex (StV) bildet das Gegenstück des ersten „sozialistischen“ Strafgesetzbuches Ungarns[1]. Beide wurden auch gleichzeitig — am 1. Juli 1962 — in Kraft gesetzt. Die umfassende ungarische Strafrechtsreform nähert sich somit ihrem Abschluß. Es fehlen nunmehr noch die *Strafvollzugsordnung* und der *Vorschriftsverletzungs-(Übertretungs-)Kodex.*

Die neue Strafverfahrensordnung wurde am 13. Mai 1962 im ungarischen Amtsblatt in der Form einer sogenannten *gesetzeskräftigen Verordnung* (törvényerejü rendelet)[2], *also auf administrativem Wege,* durch einen Erlaß des Vorsitzendenrates der Volksrepublik veröffentlicht. Beim Strafgesetzbuch war noch der übliche parlamentarische Apparat eingeschaltet und der Entwurf am 15. Dezember 1961 nach einer etwa dreistündigen „Debatte“ verabschiedet worden.

Die Kodifizierung des neuen Strafgesetzbuches, die tiefgehenden Änderungen der materiellen Strafrechtsnormen erforderten auch die wesentliche Umwandlung der strafprozessualen Rechtsnormen. Der Wortgebrauch des neuen StGB weicht in weitem Umfange von den bisherigen Rechtsausdrücken ab. Eine Neufassung der entsprechenden Verfahrensvorschriften war daher schon deswegen unumgänglich, auch wenn das Wesentliche der materiellen Vorschriften unverändert blieb. Überdies enthält das StGB auch neue oder abweichende strafrechtliche Tatbestände. Dieser Umstand hat auch zwangsläufig zu der Neuregelung der Rechtsnormen über die sachliche und örtliche sowie die ausschließliche und besondere Zuständigkeit der in Strafsachen vorgehenden Behörden geführt.

Anderseits brachten die auf novellarischem Wege erfolgten Änderungen der bestehenden Strafprozeßordnung in einzelnen Teilfragen unvermeidbar Widersprüche mit sich. „Die Ausmerzung dieser Widersprüche ist eine der Aufgaben des neuen Strafverfahrenswerkes[3].“ Die grundlegende Neuregelung war auch wegen der Übersichtlichkeit geboten. Außerdem wollte man das Strafverfahren nach Auffassung des obersten Richters und ehemaligen Leiters der Gesetz-

---

1 Vgl. Mezöfy: Der Strafkodex der Ungarischen Volksrepublik. Sammlung Außerdeutscher Strafgesetzbücher Nr. 83. Berlin 1964.

2 GkVO Nr. 8 von 1962 (*Magyar Közlöny* Nr. 33).

3 Ministerielle Begründung der GkVO Nr. 8 von 1962. Das Strafverfahren. Herausgegeben vom Justizministerium, Budapest 1962, S. 5 (Im weiteren: StV-Begr.).

gebungsabteilung des Justizministeriums István TIMÁR „.. schneller und einfacher gestalten und die sozialistische Gesetzlichkeit weiter entwickeln“[4].

Den Zeitpunkt des Inkrafttretens des neuen Strafverfahrensrechts können zwei Faktoren beeinflußt haben. Erstens: das richtungweisende Vorbild, die neue sowjetische StPO, war endlich erschienen und am 1. Januar 1961 in Kraft getreten. Zweitens: der vom 20.—24 November 1962 abgehaltene VIII. Kongreß der ungarischen KP hatte zwecks „Wiederherstellung und Festigung der sozialistischen Gesetzlichkeit“ verschiedene Maßnahmen angeregt. Eine davon war die „Entschließung des Zentralkomitees der Ungarischen Sozialistischen Arbeiterpartei über den Abschluß der während der Jahre des Personenkults gegen die Männer der Arbeiterbewegung veranlaßten gesetzesverletzenden Prozesse“. Sie enthält das Bekenntnis, daß in dieser Periode „die sozialistische Gesetzlichkeit durch vorkonzipierte Prozesse verletzt und Unschuldige verurteilt[5]“ wurden. Die Opfer sollten rehabilitiert und die Veranstalter der Prozesse ihrer Funktionen enthoben werden. Die Glaubwürdigkeit dieses Parteibeschlusses, wonach „ein jeder die Gesetze achtende Bürger der Ungarischen Volksrepublik in unserer sozialistischen Heimat leben und arbeiten kann“, sollte auch durch das Inkraftsetzen des neuen Strafverfahrens untermauert werden.

Dem Kodexcharakter entspricht die neue Bezeichnung *Strafverfahren,* statt der bisher auch in Ungarn üblichen *Strafprozeßordnung.* Darin kommt auch eine wesentliche Änderung in der Rechtsauffassung zum Ausdruck: „Der Verfahrenskodex soll nicht nur den richterlichen Abschnitt des Strafverfahrens, sondern mit gleichem Gewicht das ganze Verfahren, also angefangen von der Einleitung der Ermittlungen bis zum Abschluß der Strafvollstreckung vor Augen halten[6].“ Die Folge dieser Anschauung: es wird nicht nur die Tätigkeit der Gerichte, sondern auch ausführlich die der Ermittlungsbehörden und der Staatsanwaltschaft geregelt. Im II. Kapitel werden alle Behörden, die in Strafsachen vorgehen, aufgezählt. Aus der „Strafprozeßordnung“ — die sich nur auf den Strafprozeß d. h. auf die gerichtliche Phase beschränkt — wird ein abgerundetes Gesetzeswerk über das Strafverfahren.

Ein weiteres Merkmal des Kodexcharakters: Der neue Strafkodex umfaßt auch die materiellen Strafvorschriften hinsichtlich der *Jugendlichen* und der *Militärpersonen.* Desgleichen beinhaltet die StVO besondere Verfahrensvorschriften für Jugendliche und für Militärpersonen (XVI. und XVII. Kapitel).

---

[4] „Ein neues Gesetz über das Strafverfahren“, *Magyar Nemzet,* 22. 5. 62, S. 5.

[5] Protokoll der Ungarischen Sozialistischen Arbeiterpartei über den VIII. Kongreß, Budapest 1963, S. 460—461.

[6] StV-Begr. S. 7.

II.

Schon das durch zahlreiche Novellen ergänzte III. Gesetz vom Jahre 1951 über die StPO war als „sozialistisch" gepriesen worden und hatte volksdemokratische Prinzipien verwirklicht. Die Institutionen des neuen Strafverfahrens stehen jedoch nicht nur mit der Nachkriegsgesetzgebung, sondern auch mit der Rechtsentwicklung der früheren Perioden in gewissem, wenn auch negativem Zusammenhang. Deshalb zum besseren Verständnis ein kurzer historischer Überblick über das ungarische Strafverfahren.

Bis 1945

Die erste kodifizierte Strafprozeßordnung: der Gesetzesartikel[7] XXXIII von Jahre 1896, der am 1. Januar 1900 in Kraft gesetzt wurde, entstand in der Blütezeit des liberalistisch gesinnten Ungarns. Bis dahin war eine „provisorische Prozeßordnung" in Geltung, die der Justizminister 1872 erlassen und die richterliche Übung angewendet hatte. Dem neuen Strafverfahren lag der Napoleonische *Code d'instruction criminelle* in der in deutschen Rechtsgebieten umgewandelten Form zugrunde. Eingedenk der Greuel des einstigen Inquisitionsverfahrens wurde zum Schutze der persönlichen Freiheit und des unschuldigen Angeklagten zwischen die Vorerhebungen der Polizeiorgane und den eigentlichen Strafprozeß ein doppeltes richterliches Verfahren: die richterliche Voruntersuchung und Eröffnung eingebaut, um prüfen zu können, ob die erhobene Anklage genügenden Anlaß zu einem Strafprozeß gibt. Die Durchführung der in jedem schwereren Fall obligatorischen Untersuchung lag in den Händen des unabhängigen Untersuchungsrichters. Die neueingeführte Institution des Anklagesenats ermöglichte dem Beschuldigten, Einwände gegen die Anklageschrift zu erheben. Die Hauptverhandlung wurde mündlich, öffentlich und unmittelbar. Dreifacher Instanzenzug und die Einführung des Laienelementes in der Form des Schwurgerichtes, das bei schwereren Verbrechen und bei Pressedelikten zuständig war, bildeten die weiteren Charakteristika des G-A XXXIII von 1896.

Die Schwurgerichtsbarkeit wurde durch den G-A XXXIII von 1897 erweitert.

Die wichtigsten Strafgesetze dieser Periode mit strafprozessualem Inhalt sind:

G-A XXIX von 1921 über die Befugnisse der Einzelrichter;

G-A X von 1928 über die Einschränkung der Kassationsbeschwerde;

G-A XXXIV von 1930 über die Rechtsmittel;

G-A XVI von 1938 über das Berufungsverfahren.

---

[7] Gesetz-Artikel bezieht sich auf den verfassungsrechtlichen Vorgang der Inartikulierung im *Corpus Juris Hungaricum*. Sie wurde nach der Veränderung der Staatsform 1945/46 abgeschafft, seitdem werden die Gesetze laufend (ohne die Bezeichnung: *Artikel)* numeriert.

Von 1945 bis 1962

Mit der „Befreiung“ Ungarns durch sowjetische Truppen im Jahre 1945 beginnt der immer schneller fortschreitende Abbau des in einer tausendjährigen organischen Entwicklung errichteten magyarischen Gerichtswesens. In der Gesetzgebung wird bis 1948, das Jahr der kommunistischen Machtübernahme, noch ein zäher Kampf zwischen rechtsstaatlichen Bestrebungen und der die totalitäre Herrschaft ermöglichenden Einschränkung der Grundfreiheiten ausgetragen. Nach dieser Periode steht auch der Justizapparat schutzlos der Gleichschaltung im Sowjetbereich gegenüber. Auch das ungarische Strafverfahren wird durch ein weitgehend aus dem sowjetischen Recht entlehntes System ersetzt.

Die entsprechenden Vorschriften wurden in steigendem Umfang im Verordnungsweg und später durch sogenannte gesetzeskräftige Verordnungen erlassen.

Durch zwei Verordnungen des Ministerrates (81/1945 M. E. und 1440/1945 M. E.) wurde zur Aburteilung von Kriegsverbrechen und volksfeindlichen Straftaten die sogenannte Volksgerichtsbarkeit eingeführt. Die Vorschriften wurden durch das VII. Gesetz von 1945 zur Gesetzeskraft erhoben und auch nach der Revolution von 1956 zwecks Vergeltung angewendet.

Statt der Schwurgerichtsbarkeit führte die Volksgerichtsbarkeit das Beisitzersystem ein. Die Volksbeisitzer wurden gleichberechtigte Mitglieder des Gerichts.

„Im Interesse der öffentlichen Versorgung“ wurde die Verordnung des Ministerrates Nr. 8800/1946 M. E. über den Schutz der Wirtschaftsordnung erlassen, die Maßnahmen gegen die Spekulation vorsah und später zur Unterbindung der Handelsfreiheit diente. Mit der Aburteilung der wichtigsten Wirtschaftsdelikte wurden die *Sondersenate des Wuchergerichts* (aufgestellt durch das XXIII. Gesetz von 1947, das auch prozessuale Vorschriften enthält) beauftragt. Der Sondersenat bestand aus fünf Mitgliedern, davon vier durch den Betriebsausschuß der Großbetriebe bestimmte physische Arbeiter als sogenannte *Arbeiterrichter*. Gegen die Urteile des Wuchersenats gab es keine Berufung.

Einzelne Institutionen der noch in Geltung gebliebenen StPO wurden im Verordnungsweg abgeschafft. So die Freilassung gegen Kaution als „Begünstigung der ausbeutenden Klassen“, der Anklagesenat als „Mittel zur Verzögerung des Strafverfahrens“ (Verordnung des Ministerrates Nr. 1363/1945 M. E.).

Das System der Volksbeisitzer wurde auf sämtliche ungarische Gerichte erstreckt und statt des herkömmlichen dreifachen der zweifache Instanzenzug eingeführt (VII. Gesetz von 1949). Die GkVO Nr. 12 von 1950 hat die Institution des Untersuchungsrichters abgeschafft und die Ausübung der Rechte des Untersuchungsrichters auf den Staatsanwalt übertragen.

Die entscheidende Wendung trat mit dem Erscheinen der neuen „sozialistischen“ Strafprozeßordnung, des III. Gesetzes vom Jahre 1951 ein[8], das eine weitgehende Angleichung an das Sowjetmuster darstellt. „Bei der Kodifikation bedeuteten die Institutionen des sowjetischen Strafverfahrensrechtes und die Ergebnisse der sowjetischen Strafprozeßwissenschaft eine grundlegende Hilfe[9].“

Der Hauptunterschied gegenüber dem alten Gesetz ist der zweiinstanzliche Aufbau. Eine Privatklage gibt es nur bei denjenigen Verbrechen, bei denen keine öffentliche Klage erhoben werden muß. Das Gesetz kennt das Institut der Ersatzprivatklage nicht. Das Anklageprinzip ist im Gesetz nicht folgerichtig durchgeführt, da das Gericht durch die Zurücknahme der Anklage seitens des Staatsanwalts zur Einstellung des Verfahrens nicht verpflichtet ist. Das Verfahren wurde durch die Ausschaltung der unabhängigen richterlichen Voruntersuchung und des Eröffnungsverfahrens gekürzt, ferner durch die Einführung eines einheitlichen Verfahrens für sämtliche Strafsachen — im Gegensatz zum alten Gesetz, welches das Verfahren vor den Bezirksgerichten besonders geregelt hatte — vereinfacht. Die Berufung wurde das einzige Rechtsmittel, das somit nicht nur gegen Urteile, sondern auch gegen Beschlüsse eingelegt werden kann.

Infolge des immer stürmischeren staatsrechtlichen Umschwunges, der Umwandlung der Staatsanwaltschaft im Sinne einer Angleichung an das sowjetische Vorbild (GkVO Nr. 13 von 1953) und des neuen Gerichtsverfassungsgesetzes (II. Gesetz von 1954), das auch bedeutende strafprozessuale Neuerungen enthielt, kam es zur Modifizierung der StPO. Durch das V. Gesetz vom Jahre 1954 (erste StPO-Novelle) wurde ein einheitlicher Text ausgearbeitet. Kurz nach der StPO-Novelle erschienen die Verordnung des Verteidigungsministers Nr. 1/1954 über die Militärgerichte und — bezeichnenderweise — die Instruktion des Obersten Staatsanwalts über die Anwendung der StPO-Novelle(Nr. 65/1954 Legf. Ü. utasitás).

Eine neue Zäsur bedeutete die Revolution von 1956. Nach ihrer blutigen Niederwerfung wurde als Vergeltung das Standrecht (Regierungserlaß Nr. 6/1956/XII.11) und das beschleunigte Strafverfahren (GkVO Nr. 4 von 1957) eingeführt.

Es folgten zwei StPO-Novellen: die GkVO Nr. 8 von 1957 über die Modifizierung einzelner Vorschriften des Strafverfahrens (zweite StPO-Novelle) und die GkVO Nr. 16 von 1958 über die Modifizierung des Rechtsmittelsystems (dritte StPO-Novelle). Die Notwendigkeit einer einheitlichen Regelung war somit gegeben.

---

[8] Vgl. Erich Heller: Die Ungarische Strafprozeßordnung. Sammlung Außerdeutscher Strafgesetzbücher Nr. 74. Berlin 1958.

[9] Móra, Dr. Mihály — Kocsis, Dr. Mihály: Das ungarische Strafverfahrensrecht. Lehrbuch für die Universität, Budapest 1961, S. 92.

III.

Als grundlegende Neuerung ist der *Gesetzeszweck* hervorzuheben. Aufgabe der StPO war:

„der staatlichen, sozialen und wirtschaftlichen Ordnung und deren Institutionen

sowie den Rechten der Werktätigen der Ungarischen Volksrepublik Schutz zu gewähren,

die Bestrafung der Feinde des werktätigen Volkes und

die Erziehung der Werktätigen zur Einhaltung der Regeln des sozialistischen Zusammenlebens der Gesellschaft sicherzustellen" (§ 1).

In der Zielsetzung des neuen Kodex ist hingegen die ideologische Abkühlung spürbar. Der einschränkende Begriff „Werktätiger" verschwindet, die „Bestrafung der Feinde des *werktätigen* Volkes" wird nicht mehr hervorgehoben und der gehobene Zeigefinger des „Erziehers der Werktätigen" wird durch sachliche und auf die *allgemeine* Verfolgung, Vorbeugung und Ahndung der Straftaten gerichtete Hinweise ersetzt.

Das neue Strafverfahren unterscheidet klar zwischen der „Aufgabe des Gesetzes" (§ 1) und ihrer „Verwirklichung" (§ 2).

Als *Aufgabe* werden

a) die schnelle und gründliche Aufdeckung der Verbrechen,

b) die Verantwortung ihrer Verüber[10],

c) die richtige Anwendung der Strafgesetze

bezeichnet.

Hierdurch soll:

a) künftigen Straftaten vorgebeugt,

b) die Verringerung der Kriminalität gefördert werden (§ 1).

Die *Verwirklichung* dieser Aufgaben ist die Pflicht der Strafbehörden. Die Verhinderung und Aufdeckung der Verbrechen ist hingegen die moralische Obliegenheit eines jeden ungarischen Staatsbürgers (§ 2). Bezeichnenderweise steht die *Verhinderung*, d. h. die Prävention an *erster* Stelle.

Im neuen StV werden die grundlegenden Prinzipien des bestehenden Verfahrensrechts nicht berührt. Der Schutz der persönlichen Freiheit (§ 3), die Grundsätze der materiellen Verteidigung (§ 5), des freien richterlichen Ermessens (§ 6), der Öffentlichkeit (§ 10), der Sicherung des Gebrauchs der Muttersprache (§ 11) bestehen — wenigstens auf dem Papier — auch weiterhin. Der Kreis der grundlegenden Prinzipien wird mit dem Grundsatz der kollegialen Gerichtsbarkeit und der Teilnahme von Beisitzern in der Rechtsprechung (§ 4) sowie durch das Recht auf formelle Verteidigung (§ 7) ergänzt. Als neuer Leitgedanke erscheint schließlich in § 13 die „Maßnahme zur Vorbeugung

---

[10] „Verüber" ist der aus der volksdemokratischen Rechtssprache stammende Sammelbegriff für den Täter, den Mittäter, den Anstifter und den Gehilfen (vgl. § 12 StGB). Eine Konsequenz des extensiven Täterbegriffes i. S. der deutschen Terminologie.

der Kriminalität". Im Dienst der Generalprävention sind die mit Strafsachen befaßten Behörden verpflichtet, die Gründe und Umstände, die die Begehung des Verbrechens ermöglicht oder gefördert haben, aufzuklären und hierüber das zum Eingreifen zuständige Organ zu unterrichten. Diese in der Presse und im kommunistischen Sprachgebrauch häufig erwähnte und bisher nur in internen Dienstvorschriften befohlene Pflicht, die sogenannte *Signalisierungs-Tätigkeit*, wird also nunmehr gesetzlich geregelt.

IV.

Als die wesentlichsten Merkmale des vorliegenden Strafverfahrens-Kodex wären hervorzuheben:

1. Die fortschreitende Einbeziehung der Gesellschaft und ihrer Mitglieder in den strafprozessualen Aufgabenkreis

Diese Erscheinung ist besonders an folgenden Vorschriften zu beobachten:

a) die Verhinderung der Verbrechen ... liegt im Interesse der ganzen Gesellschaft (§ 2 Abs. 2).
b) Die moralische Pflicht der Staatsbürger hinsichtlich der Förderung der Ziele des Gesetzes (§ 2 Abs. 2).
c) Recht und moralische Pflicht der Staatsbürger, Verbrechen zur Anzeige zu bringen (§ 99 Abs. 1). — Bisher war jedermann nur „befugt, die zu seiner Kenntnis gelangte strafbare Handlung anzuzeigen" (StPO § 87).

Es erscheint bemerkenswert, daß sich die unter b) und c) bezeichnete moralische Pflicht nur auf ungarische *Staatsbürger* erstreckt. Die in Ungarn lebenden Bürger sozialistischer Staaten werden also ausgeklammert, obwohl diese Staaten im Zeichen der „sozialistischen Solidarität" einen weitgehenden strafrechtlichen Schutz (StGB § 133) genießen.

d) Die Teilnahme von Beisitzern in der Rechtsprechung wird als Grundsatz deklariert (§ 13).
e) Die Vornahme von Ermittlungen ist abzulehnen, wenn in der Sache ein gesellschaftliches Gerichtsverfahren begründet erscheint (§ 105).
f) Aus dem gleichen Grund kann die Ermittlung *eingestellt* werden (§ 161).
g) Das Gericht kann die Sache zwecks Verhandlung an das Gesellschaftsgericht überweisen [§ 179 Abs. (1) unter f].

Diese „Vergesellschaftung" im Bereich des Strafverfahrens entspricht den aktuellen Bestrebungen, die auf den „Ausbau eines gesamtnationalen Staates[11]" gerichtet sind. „Wenn aus Tätigkeitsberei-

[11] Rónai, Dr. Robert, Oberstaatsanwalt: Die Rechtskraft der Entscheidungen der Gesellschaftsgerichte aus dem Gesichtspunkt der Beurteilung von Straftaten. *Jogtudományi Közlöny* (Rechtswissenschaftliche Mitteilungen) Juli 1964 Nr. 7. S. 401.

chen, die heute zum Aufgabenkreis der besonderen, zu diesem Zweck bestimmten staatlichen Organe gehören, eine gesellschaftliche Tätigkeit wird, so entsteht soziale Selbstverwaltung[12]."

Es wird ferner festgestellt: „Die Justiz ist eine gesellschaftliche Angelegenheit. Im aktiven Kampf gegen die Kriminalität haben nicht nur die Strafverfolgungsorgane, sondern die ganze Gesellschaft, jeder ehrliche Werktätige der Volksrepublik eine bedeutende Rolle[13]."

2. Vorzugstellung der Staatsanwaltschaft

Die Anklagebehörde wurde als selbständige Institution aus der Justizverwaltung ausgeklammert und bildet, an der Spitze mit dem Obersten Staatsanwalt, der unmittelbar vom Parlament auf sechs Jahre gewählt wird, eine monolithische Einheit [§ 2 Abs. (1) der GkVO Nr. 13 von 1953].

Im StV wird diese Sonderstellung schon dadurch zum Ausdruck gebracht, daß der Staatsanwalt nicht wie bisher unter „Parteien" (III. Kapitel), sondern im II. Kapitel (Strafbehörden) erscheint, das bisher ausschließlich den Gerichten vorbehalten war. Die Gerichte werden übrigens erst *nach* der Erörterung des Aufgabenbereichs des Staatsanwaltes behandelt.

Der Staatsanwalt hat nicht nur das Ermittlungsverfahren zu leiten und die Anklage zu vertreten, sondern ist darüber hinaus verpflichtet, die Gesetzlichkeit überhaupt zu wahren[14]. Seine besondere Rolle wird auch im § 16 hervorgehoben:

„... der Staatsanwalt übt die Aufsicht über die Rechtmäßigkeit des Strafverfahrens aus."

Die staatsanwaltliche Aufsicht erstreckt sich also auf das *ganze* Strafverfahren, mit inbegriffen die Tätigkeit der Gerichte. Die Instruktion Nr. 10/1959 des Obersten Staatsanwalts spricht jedenfalls von „staatsanwaltlicher Aufsicht über die Gesetzlichkeit des Verfahrens und der Rechtsprechung der Strafgerichte"[15].

Der Umfang der tatsächlichen Vormachtstellung der Staatsanwaltschaft wird erst durch eine Behauptung des offiziellen Leitfadens für die Ermittlungsbehörden klar. Darin steht wörtlich: „Die Organe der Justiz sind: die Gerichte und die Staatsanwaltschaft[16]." Diese extreme Auffassung ist jedoch in der Literatur umstritten: „Das Prinzip der Funktionenteilung im Strafverfahren schließt — nach meiner Auffas-

[12] Siehe Fußnote 11 Seite 7.

[13] Patkós, Dr. Lajos, Vorsitzender des Hauptstadt-Gerichts, *Népszava* 29. März 1964, S. 3.

[14] Móra, Dr. Mihály: Prinzipielle Fragen des Problems der Parteien im Strafprozeß. *Annales Universitatis Scientiarum Budapestinensis de Rolando Eötvös Nominatae, Sectio* Iuridica Tom. III, S. 110.

[15] Staatsanwaltschaftliche Mitteilungen, 1959, No. 8.

[16] Handbuch des Strafverfahrens. Herausgegeben durch die Studien- und Methodologie-Abteilung des Innenministeriums. Budapest 1963, S. 22.

sung — aus, daß die Staatsanwaltschaft als Justizorgan betrachtet wird[17]."

Die zunehmende Wichtigkeit der staatsanwaltlichen Position spiegelt sich auch im Umstand, daß die Anwesenheit des Staatsanwaltes nunmehr in jeder Verhandlung eines Verbrechens, dessen gesetzliche Strafe fünf Jahre Freiheitsentzug übersteigt, obligatorisch ist [§ 18 Abs. (1) unter a].

3. Vereinfachung und Beschleunigung des Verfahrens

Die wichtigsten einschlägigen Bestimmungen:

a) Die Ermittlungsbehörde kann gegebenenfalls für die Ergänzung der Anzeige sorgen und Auskünfte von staatlichen Organen und Privatpersonen einholen (§ 101).

b) Die Verbindung von Strafsachen kann aus Zweckmäßigkeitsgründen (z. B. große Anzahl der Beschuldigten) unterlassen werden (§ 56).

c) Beschlußverfahren ohne Verhandlung. — Voraussetzungen: einfacher Tatbestand, Geständnis des Beschuldigten, Verbrechen von minderer Bedeutung und daß das Gesetz die Verhängung einer Geldstrafe ermöglicht (§§ 192—196).

   Dieses Verfahren ist hauptsächlich bei Antragsdelikten (Beleidigung, Verleumdung) vorgesehen, die nach der Statistik die Gerichte zeitlich stark in Anspruch nehmen. Diese Vereinfachung ermöglicht ferner, „daß die Beteiligten nicht ihre Arbeitsplätze verlassen müssen"[18].

d) Unterlassung der Anklageerhebung wegen Verbrechen geringerer Schwere, die neben den als Grundlage der Anklage dienenden strafbaren Handlungen belanglos sind (§§ 169, 179 Abs. 2 u. 211).

   Diese Vorschrift wird mit den praktischen Erfahrungen begründet, da regelmäßig zugleich mit schwereren Delikten (so z. B. Verbrechen gegen das Leben) auch Straftaten von geringerer Bedeutung begangen werden (z. B. Diebstahl usw.) und das Gericht früher verpflichtet war, auch diese ausführlich zu behandeln.

e) Die vorbereitende Sitzung ist nicht mehr obligatorisch, sondern nur erforderlichenfalls abzuhalten (§ 172).

f) Das Gesetz kann auch auf eine Vorschriftsverletzung erkennen und die in der Rechtsnorm bestimmten Rechtsfolgen anwenden (§ 227). Bisher war dies nur bei Huliganismus, Arbeitscheu und gewerbsmäßiger Unzucht möglich (GkVO Nr. 14 von 1960 § 13 Abs. 3).

g) Im *Berufungsverfahren* ist die Teilfreisprechung nur dann überprüfbar, wenn auch gegen den freisprechenden Teil Berufung eingelegt wurde (§ 241 Abs. 3).

---

[17] Barna, Dr. Péter, Universitätsprofessor: Prinzipielle Fragen des Ermittlungsverfahrens. *Magyar Jog* (Ungarisches Recht), Mai 1964, Nr. 5, S. 202.

[18] StV-Begr. a. a. O., S. 9.

Die Einführung der Institution der „Senatssitzung“ (§ 244) bedeutet eine Verringerung der Formalitäten.

Das Berufungsgericht kann jetzt auch selbst eine Beweisaufnahme vornehmen, wenn der erstinstanzliche Tatbestand mangelhaft war und der richtige Tatbestand durch Beweisaufnahme geringeren Umfangs festzustellen ist (§ 248).

V.

Weitere Merkmale bzw. Neuerungen gegenüber der StPO:

a) Der Kreis der Inkompatibilität wurde erweitert. Für den Staatsanwalt besteht ein *Ausschließungsgrund,* wenn er in der Sache schon als Richter tätig war oder wenn er ein Angehöriger (§ 114 StGB) des in der Sache erkennenden Richters ist (§ 29 Abs. 1 b). Für den Staatsanwalt besteht auch weiterhin *kein* Ausschließungsgrund, wenn er in der Sache schon eine Ermittlungshandlung vorgenommen hat.

b) Die Stellung des Verteidigers wurde wenigstens formell weiter ausgebaut. Er konnte auch bisher die Akten, sofern dies den Zweck des Verfahrens nicht gefährdete, während des Ermittlungsverfahrens einsehen. Nach der neuen Regelung (§§ 41, 163 Abs. 2) kann der Verteidiger zugegen sein, wenn die Ermittlungsbehörde nach Abschluß der Ermittlungen dem Beschuldigten Einsicht in das Ermittlungsmaterial gewährt. Er kann es einsehen, Einwendungen vorbringen und die Ergänzung der Ermittlungen beantragen. Die Aufgaben des Verteidigers werden in § 37 umrissen. Danach ist er also weder verpflichtet noch berechtigt, etwas zu *Lasten* seines Klienten zu unternehmen.

c) Nach § 60 StGB trifft eine *Verwarnung* ohne Strafzumessung denjenigen, dessen Handlung und Person bei der Begehung oder bei der Beurteilung des Verbrechens sich nicht oder nicht mehr als sozialgefährlich darstellt. Die Form dieser sogenannten *Maßnahme* wird im § 96 normiert. Die Verwarnung kann durch jede Strafbehörde (Kapitel II), d. h. auch durch die Polizei und durch den Staatsanwalt erfolgen.

d) Von der vorläufigen Festnahme waren bisher nur die Vorgesetzten einer beim Staat oder bei einem staatlichen Unternehmen angestellten Person zu benachrichtigen (§ 98 Abs. 4 der alten StPO). Jetzt erstreckt sich die Pflicht zur unverzüglichen schriftlichen *Benachrichtigung* auch auf die von dem Beschuldigten bestimmten Angehörigen (§ 121 Abs. 4).

e) Im Sinne des „sozialistischen Humanismus“ sind minderjährige Kinder des Beschuldigten, falls sie ohne Aufsicht bleiben, nach seiner Anhörung Angehörigen oder einer entsprechenden Anstalt in Pflege zu geben. Wohnung und Vermögen des Beschuldigten sind ebenfalls zu sichern (§ 122).

f) Der *Beschuldigte* und der *Verletzte* sind verpflichtet, sich einer Untersuchung durch *Sachverständige* zu unterwerfen und die zum Gutachten erforderlichen Eingriffe des Gerichtsarztes oder eines anderen Sachverständigen, sofern sie Leben oder Gesundheit nicht gefährden, zu dulden (§ 137).

g) Neu ist der sogenannte „Ermittlungsversuch" (§ 143) zur Prüfung und Feststellung der Tatsachen, die zur Entscheidung der Sache notwendig sind.

h) Das Gericht kann das Verfahren wegen Verletzung der *Unterhaltspflicht* (§ 275 StGB) auf höchstens sechs Monate einmal aussetzen, um dem Beschuldigten zu ermöglichen, die geschuldeten Leistungen zu erbringen, vorausgesetzt, daß in Anbetracht aller Umstände des Falles begründete Möglichkeiten hierzu bestehen (§ 178 Abs. 5).

i) Bei der *bedingten Freilassung* des Verurteilten (§ 39 StGB) kann das Gericht außer den allgemeinen auch besondere Verhaltensvorschriften erlassen. Gegen den Beschluß des Gerichts gibt es *kein* Rechtsmittel. Ist dieser Beschluß gesetzwidrig, so erfolgt seine Abänderung von Amts wegen oder auf Antrag des Staatsanwaltes.

j) Die sachliche Zuständigkeit der Militärgerichte erstreckt sich auch auf Verbrechen, die von Zivilangestellten der Polizei und von Mitgliedern der Arbeitermiliz (§ 103 StGB) im Zusammenhang mit ihren Dienstobliegenheiten begangen worden sind. Das gleiche gilt für solche Zivilpersonen, die ein Verbrechen begehen, das die Interessen der Landesverteidigung unmittelbar verletzt oder gefährdet. Das Militärgericht ist auch dann zuständig, wenn nur einer der Mittäter dem Militärstrafverfahren unterworfen ist. Diese Vorschrift erstreckt sich auch auf Hehler und Begünstiger sowie auf Personen, die die *Anzeige unterlassen* haben (§ 349).

Auf Grund dieser Vorschrift kann u. U. die Todesstrafe gegen Zivilpersonen und Jugendliche, die mit Militärpersonen gemeinsam z. B. das Verbrechen der *Flucht ins Ausland* (§ 313 StGB) begangen haben, verhängt werden.

VI.

Die vorliegende Übersetzung enthält den vollständigen Text des Strafverfahrenskodex, es wurden u. a. auch die Erläuterungen und die ministerielle Begründung der Vorlage der GkVO Nr. 8 von 1962 in der durch die Gesetzgebungsabteilung des Justizministeriums veröffentlichten Form[19] berücksichtigt. Einzelne, in der deutschen Rechtssprache unbekannte, schwerfällig klingende Ausdrücke (gesetzeskräftige Verordnung, Verüber, Vorschriftsverletzung usw.) entsprechen dem volksdemokratischen Sprachgebrauch und den amtlichen ungarischen Veröffentlichungen.

---

[19] Vgl.: StV-Begr. Hierzu Fußnote 3, S. 1.

Die Grundlage der Übertragung bildet jedoch das bahnbrechende Werk Dr. Erich HELLERS, emeritierter Professor der Petrus PÁZMÁNY Universität in Budapest, der im Jahre 1958 das III. Gesetz vom Jahre 1951 in der durch das V. Gesetz vom Jahre 1954 modifizierten Fassung mit einer Einleitung ins Deutsche übersetzt und die volksdemokratische Strafprozeßordnung somit auch dem der ungarischen Sprache Unkundigen zugänglich gemacht hat[20].

Professor HELLER ist am 15. Oktober 1958 neunundsiebzigjährig nach einer langen, harmonischen, wissenschaftlichen Laufbahn gestorben. Seine literarische Tätigkeit erstreckt sich über ein halbes Säkulum, die Lehrtätigkeit an den Universitäten von Szeged und Kolozsvár auf volle zwei Jahrzehnte. Sein Hauptwerk, ein kritisches Lehrbuch des allgemeinen Strafrechts[21], war ein Leitfaden für ganze Juristengenerationen. Professor Heller setzte seine Arbeit auch im Ruhestand fort. „Sein im Jahre 1958 in Berlin erschienenes Buch über die ungarische StPO war eine der letzten Freuden und zugleich sein Schwanengesang[22]."

Die Werke bewahren das Andenken des Gelehrten. Die Erinnerung an dem bescheidenen, sanften Lehrer, der jedoch sofort leidenschaftlich wurde, wenn es um die objektive Wahrheit und um die moralischen und fachlichen Postulate des zukünftigen Juristen ging, verblaßt jedoch schneller, denn das Dichterwort „Dem Mimen flicht die Nachwelt keine Kränze" gilt auch für den vortragenden Professor. Deshalb sei verziehen, wenn der Übersetzer, der einst das Glück hatte, Hörer Professor Hellers sein zu können und jetzt durch seltsamen Zufall in gewisser Hinsicht in seinen Fußstapfen geht, vielleicht etwas länger bei seinem Andenken verweilt...

Auch diesmal ist die schon traditionelle großzügige wissenschaftliche Unterstützung des Instituts für ausländisches und internationales Strafrecht an der Universität Freiburg i. Br. dankend hervorzuheben.

VII.

Bei einer flüchtigen kritischen Übersicht des neuen Strafverfahrenskodex verdienen folgende Einzelheiten Erwähnung:

1. Die strafprozessuale Rechtschutzaufgabe wird nach sowjetischem Vorbild durch den Marxismus-Leninismus bestimmt. Der Aufbau der Strafverfahrensinstitutionen hängt deswegen weitgehend mit der jeweiligen Parteilinie zusammen. Der Grundsatz der objektiven Wahrheitsforschung, wie er in § 6 Abs. (1) enthalten ist, wird auch in den Dienst der klassenbedingten Staatsinteressen gestellt. Die Parteilinie

[20] Dr. Erich HELLER: Die ungarische Strafprozeßordnung. Sammlung Außerdeutscher Strafgesetzbücher Nr. 74. Berlin 1958.

[21] Lehrbuch des ungarischen Strafrechts. Szeged 1931, Budapest 1937.

[22] MÓRA: Dr. Heller Erik, Nekrolog. *Jogtudományi Közlöny* April 1959, Nr. 4, S. 192.

beherrscht auch die Anwendung des Strafverfahrens: „Die zeitgemäße Rechtsprechung ist ein gegenüber dem Strafverfahren gestelltes rechtspolitisches Erfordernis. Es beansprucht, daß die Gerichtsentscheidungen den allgemeinen politischen, rechtspolitischen Zielsetzungen entsprechen sollen[23]."

Um diese Zielsetzungen erforschen zu können, ist der Rechtsanwender gehalten, die Sozialgefährlichkeit der Handlung und des Täters gleichzeitig festzustellen. Somit kann z. B. — bei richtiger Auslegung der marxistisch-leninistischen Grundsätze — eine an sich schwer sozialgefährliche Handlung im Hinblick auf die soziale „Ungefährlichkeit" des Täters, die Staatsinteressen nicht gefährden und wird deshalb strafrechtlich nicht verfolgt. Dies geht auch aus dem Schrifttum hervor:

„Nach den derzeit geltenden rechtspolitischen Prinzipien hat die Klassenzugehörigkeit unter unseren Verhältnissen im allgemeinen keine Bedeutung" ... „Es wäre jedoch ein schwerer Fehler, diese Feststellung so auszulegen, daß die Übung der Vergangenheit, wonach die Spitze der Strafverfolgung u. a. gegen die Straftaten der Klassenfremden zu richten sei, zu verleugnen und zu verwerfen ist" ... „Wir dürfen auch die Direktive des Kongresses nicht vergessen, daß es bei uns noch feindliche Elemente gibt, daß ein kleinerer Teil der einstigen ausbeutenden Klassen noch aktiv regimefeindlich eingestellt ist. Deshalb ist bei durch Klassenfremde begangenen Strafhandlungen die Klassenlage während des Verfahrens zu werten, wenn sie die Strafhandlung motivierte oder damit im Zusammenhang stand[24]."

2. „Die Rechte der Verteidigung werden erweitert. Der Verteidiger wird — im Gegensatz zum geltenden Recht — nicht der Vertreter des Beschuldigten genannt, sondern die Rechte des Verteidigers werden jedesmal selbständig geregelt..." — heißt es in der Begründung der Vorlage[25].

In „begründeten Fällen" kann ein Verteidiger schon vor der Hauptverhandlung bestellt werden (§ 38 Abs. 3).

Nichtsdestoweniger wird die Mitwirkung des Verteidigers im Verfahrensabschnitt der Ermittlungen auch weiterhin eingeschränkt. Denn nur „die Mitwirkung eines *entsprechend berufsbewußten* (Hervorhebung nicht im Original) Verteidigers führt im Ermittlungsabschnitt zu der Beschleunigung und Wirksamkeit des Verfahrens"[26].

Der Strafverteidiger ist zwar nicht verpflichtet, belastende Angaben zu liefern, sondern seine Aufgabe besteht in erster Linie in der

---

[23] Kratochwill, Dr. Ferenc, Universitätsdozent: Beschleunigung und Vereinfachung des Strafverfahrens. *Magyar Jog,* Januar 1964, S. 9.

[24] Csendes, Dr. Károly: Stellvertreter des Obersten Staatsanwalts: Rechtspolitische Prinzipien der Strafrechtsanwendung. *Magyar Jog* Oktober 1963, S. 438.

[25] StV-Begr. a. a. O. S. 12.

[26] Kratochwill, Dr. Ferenc: a. a. O., S. 14.

Verschaffung und Geltendmachung der entlastenden und mildernden Umstände... es wirft sich jedoch die prinzipielle Frage auf: was ist der Inhalt der Verteidigung in der sozialistischen Gesellschaft?... Hierzu folgendes:

„Die Auffassung über die Pflichten des Verteidigers nahmen wir noch aus der kapitalistischen Gesellschaft mit, und es ist leicht möglich, daß etwas, was damals als eine Tugend des Verteidigers angerechnet wurde, jetzt mit der sozialistischen Ethik des Rechtsanwaltes unvereinbar ist"... „Die Verteidiger müssen sich vor Augen halten: ihre Tätigkeit ist ein wichtiger Beitrag zum Durchbruch der sozialistischen Gesetzlichkeit[27]."

Auch nach dem neuen StV gibt es keine freie Wahl des Verteidigers. Nach § 362 Abs. (2) bleibt weiterhin die als strafrechtliche „Übergangsmaßnahme" vorgesehene Vorschrift der §§ 31 und 32 der GkVO Nr. 34 von 1957 in Kraft:

„§ 31 (1) Als bevollmächtigter oder bestellter Verteidiger kann im Zivil- oder Militärstrafverfahren — wenn der Schutz der Staatsinteressen es besonders begründet — nur derjenige Rechtsanwalt auftreten, den der Justizminister in die zu diesem Zweck aufgestellte Liste aufgenommen hat.

(2) Der Justizminister bestimmt — im Einvernehmen mit dem Innenminister und dem Obersten Staatsanwalt — im Verordnungswege den Kreis der Straftaten, bei welchen die Vorschriften des Abs. (1) anzuwenden sind.

§ 32. Im Militärstrafverfahren kann auch in Sachen, die nicht unter die Vorschriften des § 31 fallen, nur derjenige Rechtsanwalt als Verteidiger auftreten, den der Justizminister in das Verzeichnis der Militärverteidiger oder in die auf Grund des § 31 Abs. (1) zusammengestellte Liste aufgenommen hat."

Ebensowenig wurde die Verordnung Nr. 5/1957 (VI. 29) I. M. des Justizministers über die Durchführung dieser GkVO außer Kraft gesetzt, die den Kreis der Strafsachen, in denen es keine freie Verteidigerwahl gibt, noch erweitert. Danach können auch „in anderen Strafsachen, wenn dies der Schutz der Staatsinteressen besonders begründet"[28], nur Rechtsanwälte aus der Geheimliste des Justizministers zugezogen werden. Während des Ermittlungsverfahrens stellt der Staatsanwalt, nach der Einreichung der Klageschrift der Gerichtsvorsitzende fest, ob in einer Strafsache der Schutz der Staatsinteressen „besonders begründet" ist (§ 3). Diese Bestimmungen sind auch dann anzuwenden, wenn dies bei mehreren Beschuldigten nur gegenüber einem begründet erscheint, ebenso, wenn das Verfahren wegen mehrerer Verbrechen eingeleitet wurde und Gründe für die Anwendung der bezeichneten Bestimmung nur bei einem Verbrechen festzustellen sind (§ 4).

---

[27] CSENDES, Dr. Károly: a. a. O., S. 438.

[28] § 2 b) der VO 5/1957.

3. Die *vorläufige Festnahme* kann nach § 120 Abs. (1) e) nunmehr auch dann angeordnet werden, wenn,

„... falls der Beschuldigte auf freiem Fuß bleibt, wegen der Art des begangenen Verbrechens die öffentliche Ruhe gestört würde."

Diese Vorschrift soll nach der ministeriellen Begründung[29] hauptsächlich bei Straftaten wegen *groben Unfugs* angewendet werden. Somit sollen Personen, die die Regeln des gesellschaftlichen Zusammenlebens grob verletzen, sofort aus der Gesellschaft ausgeschlossen werden. Angesichts ihrer dehnbaren Fassung, „Störung der öffentlichen Ruhe", gibt es jedoch keine Sicherung gegen eine Anwendung auch bei *politisch* gefärbten Strafhandlungen.

4. Nach § 113 ist die Dauer der Ermittlungen festgesetzt. Die Einführung der Institution der „Ergänzung der Anzeige" (§ 101) bedeutet jedoch eine getarnte Verlängerung der Ermittlungsdauer um jeweils fünfzehn Tage.

5. Die Bestimmungen über die *Dauer der Haft* sind auch verschärft worden. Der Beschuldigte konnte bisher von den Ermittlungsbehörden nur für 24 Stunden in Haft behalten werden. Diese Zeit konnte mit Zustimmung des Staatsanwaltes um weitere 48 Stunden verlängert werden. Die Höchstdauer der vom Staatsanwalt angeordneten *vorläufigen Festnahme* war ein Monat, die durch den Komitatsstaatsanwalt um einen weiteren Monat verlängert werden konnte (§ 99 der alten StPO).

Nach der Neuregelung entfällt die Zustimmung des Staatsanwaltes bei der Inhaftierung. Die Ermittlungsbehörde kann von sich aus den Beschuldigten für die Dauer von 72 Stunden in Haft behalten (§ 109 Abs. 2). Der Komitatsstaatsanwalt kann die vorläufige Festnahme nunmehr für weitere zwei Monate verlängern. Die vorläufige Festnahme kann nach Ablauf von *drei* (bisher nur zwei) Monaten vom Obersten Staatsanwalt aufrechterhalten werden (§ 123).

Nach der fadenscheinigen Begründung: „Die bisherigen zu kurzen Fristen konnten nicht eingehalten werden, und dies bedeutete formell auch die Verletzung der Gesetzlichkeit[30]."

6. Die Gerichtsbeschlüsse sind „im allgemeinen" öffentlich zu verkünden (§ 10 Abs. 3). Es besteht daher die Möglichkeit eines *Geheimverfahrens,* in welchem auch die Verkündung des Urteils von der Öffentlichkeit unbemerkt erfolgt.

7. Nach § 30 werden von der Ermittlung bestimmte Mitglieder der Ermittlungsbehörde ausgeschlossen. Es fehlt jedoch die Regelung des *Ausschließungsverfahrens* und es gibt somit keine Gewähr gegen willkürliche Entscheidungen.

8. Beim „Beschlußverfahren ohne Verhandlung" (§§ 192—196) fehlt das Verbot der Strafverschärfung. Der Beschuldigte wird daher auch

---

[29] StV-Begr. a. a. O. S. 12.
[30] StV-Begr. a. a. O. S. 13.

in vielen begründeten Fällen nicht um die Abhaltung einer Verhandlung nachsuchen.

9. Es gibt auch weiterhin keine materielle Rechtskraft des im Strafverfahren erlassenen Urteils. Im Interesse der „sozialistischen Gesetzlichkeit" ist die Überprüfung der bereits rechtskräftigen gerichtlichen Entscheidung „im gerichtlichen Aufsichtswege", ohne Rücksicht auf die Interessen der Prozeßbeteiligten, durch die sogenannte Gesetzlichkeitsverwahrung des Obersten Staatsanwalts oder des Vorsitzenden des Obersten Gerichts möglich (§§ 280—282).

VIII.

Der neue Strafverfahrenskodex enthält 363 Paragraphen. Im Vergleich zu den etwa 254 Paragraphen der bisherigen Regelung bedeutet dies jedoch nur eine scheinbare Zunahme, weil der neue Kodex auch das Militär- und Jugendstrafverfahren und die verschiedenen StPO-Novellen in sich eingliedert. Der einheitliche Aufbau, die übersichtliche Einteilung des Stoffes, die den neuesten strafprozessualen Überlegungen entsprechende Gliederung, die klare, allgemeinverständliche Sprache sind — ähnlich wie beim Strafkodex — positiv zu bewerten. Die Ausgestaltung des Gesetzes entspricht übrigens den modernen wissenschaftlichen Anforderungen.

Die umständliche Aufzählung, die noch immer oft erscheinende Weitläufigkeit ist — trotz des erklärten Bestrebens nach Vereinfachung — mit der gesteigerten Einbeziehung des Laienelementes zu erklären.

Zusammenfassend: Es ist ein Schritt in die Richtung der Rechtsstaatlichkeit getan worden. Die gesetzlichen Möglichkeiten einer im Vergleich mit der stalinistischen Epoche „liberalisierten" Handhabe des Strafverfahrens sind jedenfalls vorhanden. Allerdings gähnt zwischen dem Wortgebrauch des neuen Strafverfahrens und den praktischen Möglichkeiten noch immer eine gewisse Leere ...

I. Kapitel

GRUNDLEGENDE PRINZIPIEN

Die Aufgabe des Gesetzes

§ 1

Aufgabe dieses Gesetzes ist es, durch die Regelung des Strafverfahrens die schnelle und gründliche Aufdeckung der Verbrechen, die Verantwortung ihrer Verüber und die richtige Anwendung der Strafgesetze der Ungarischen Volksrepublik sicherzustellen, hierdurch gleichzeitig künftigen Straftaten vorzubeugen und damit die Verringerung der Kriminalität zu fördern.

Verwirklichung der Aufgabe des Gesetzes

§ 2

(1) Die Verwirklichung der Aufgabe dieses Gesetzes ist die Pflicht der in Strafsachen vorgehenden Behörden.

(2) Die Verhinderung und Aufdeckung der Verbrechen und die Verantwortung ihrer Verüber liegen im Interesse der ganzen Gesellschaft. Deshalb ist die Förderung dieser Ziele sittliche Pflicht eines jeden Staatsbürgers.

Sicherung der persönlichen Freiheit

§ 3

(1) Ein Strafverfahren kann nur auf Grund eines Gesetzes und nur gegen denjenigen eingeleitet werden, der im begründeten Verdacht eines Verbrechens steht.

(2) Die persönliche Freiheit kann niemandem außer in den gesetzlich festgelegten Fällen und auf keine andere Weise, als der gesetzlich zugelassenen, entzogen werden.

(3) Die Behörden, die im Sinne des Gesetzes befugt sind, die persönliche Freiheit zu entziehen oder zu beschränken, sind verpflichtet, darauf zu achten, daß gegen niemanden eine die persönliche Freiheit beeinträchtigende Verfügung angewandt wird, die gesetzwidrig ist; im Falle einer solchen Verletzung sind sie jedoch verpflichtet, die gesetzwidrige Verfügung sofort zu beseitigen.

(4) Wegen eines Verbrechens kann keine andere Strafe als diejenige angewandt werden, die in einem im gesetzlichen Zuständigkeitskreis durchgeführten gesetzlichen Verfahren festgelegt worden ist[1].

---

[1] Die strafrechtlichen Folgen der Verletzung dieser Vorschrift sind in StGB §§ 147 und 262 enthalten. Vgl. Mezöfy: Der Strafkodex der Ungarischen Volksrepublik. Sammlung Außerdeutscher Strafgesetzbücher Nr. 83. Berlin 1964.)

Grundsatz der kollegialen Gerichtsbarkeit und Teilnahme von Beisitzern in der Rechtsprechung

§ 4

(1) Die Gerichte urteilen als Senate.

(2) Der Senat, der in erster Instanz erkennt, besteht aus einem Berufsrichter als Vorsitzenden und zwei Volksrichtern.

(3) Der in zweiter Instanz erkennende Senat besteht aus drei Berufsrichtern.

(4) In der Rechtsprechung stehen den Berufsrichtern und den Volksbeisitzern dieselben Rechte zu, und beide sind denselben Pflichten unterworfen. In diesem Gesetz bezeichnet der Ausdruck Richter auch den Volksbeisitzer.

Aufdeckung der belastenden und entlastenden Umstände

§ 5

Die im Strafverfahren vorgehenden Behörden sind verpflichtet, die belastenden und entlastenden sowie die die Strafe erschwerenden und mildernden Umstände in jedem Verfahrensabschnitt gleicherweise aufzuklären und zu berücksichtigen.

Freiheit der Beweiserhebung und der Bewertung der Beweise

§ 6

(1) Die im Strafverfahren vorgehenden Behörden sind an formelle Beweisregeln, an eine festgesetzte Art der Beweiserhebung oder Anwendung bestimmter Beweismittel nicht gebunden und können jeden Beweis, der zur Klarstellung des Sachverhaltes geeignet sein kann, frei in Anspruch nehmen.

(2) Das Geständnis des Beschuldigten macht an sich die Anwendung anderer Beweismittel nicht überflüssig.

Recht auf Verteidigung

§ 7

(1) Die im Strafverfahren vorgehenden Behörden sind verpflichtet sicherzustellen, daß der Beschuldigte sich nach den gesetzlichen Vorschriften verteidigen kann.

(2) Im Interesse des Beschuldigten kann in jedem Verfahrensabschnitt ein Verteidiger mitwirken. Der Beschuldigte kann, beginnend von der Einleitung des Strafverfahrens, einen Verteidiger wählen.

Ausschluß des Strafverfahrens

§ 8

Ein Strafverfahren kann nicht eingeleitet werden, auch muß ein bereits eingeleitetes Strafverfahren in jedem Verfahrensabschnitt eingestellt bzw. durch ein freisprechendes Urteil beendigt werden, wenn:

1. der Beschuldigte kein Verbrechen begangen hat;
2. nach dem Strafgesetz ein die Strafbarkeit ausschließender oder ein dieselbe aufhebender Umstand vorliegt[2].

Verbot des mehrfachen Verfahrens

§ 9

Wegen eines bereits rechtskräftig abgeurteilten Verbrechens ist gegen dieselbe Person — außer im Falle der Wiederaufnahme des Verfahrens und der Gesetzlichkeitsverwahrung — kein neues Strafverfahren statthaft[3].

Öffentlichkeit der Verhandlung

§ 10

(1) Die Verhandlungen der Gerichte sind öffentlich.

(2) Das Gericht kann die Öffentlichkeit durch begründete Entscheidung für die ganze Verhandlung oder für einen Teil derselben jederzeit ausschließen, wenn dies zur Wahrung des Staatsgeheimnisses oder des Dienstgeheimnisses oder aus sittlichen Gründen notwendig ist. Das Gericht kann einzelnen Amtspersonen auch in diesem Fall die Erlaubnis erteilen, in der Verhandlung zugegen zu sein.

(3) Das Gericht verkündet seine in der Verhandlung ergangenen Beschlüsse im allgemeinen öffentlich[4].

Sicherung des Gebrauchs der Muttersprache

§ 11

Die Sprache des Verfahrens ist die ungarische. Wegen Unkenntnis der ungarischen Sprache kann niemand einen Nachteil erleiden. Eine der ungarischen Sprache unkundige Person kann während des ganzen Verfahrens sich in Wort wie auch Schrift ihrer Muttersprache bedienen.

Verhältnis der im Zivil- und Strafprozeß ergangenen Urteile zueinander

§ 12

(1) Ist im Zivilprozeß über die zivilrechtlichen Folgen eines vom Strafgericht bereits rechtskräftig abgeurteilten Verbrechens zu ent-

---

[2] Vgl. Verweigerung der Ermittlungen: § 104 Abs. (1); Einstellung der Ermittlungen: § 160 (1); Einstellung des Verfahrens bei der Vorbereitung: § 179 (1); Einstellung des Verfahrens in der Verhandlung: § 221 (2); Freispruch § 226 (1); Aufhebung des Urteils und Einstellung des Verfahrens im Berufungsverfahren: §§ 244, 246 und 257.

[3] Wiederaufnahme des Verfahrens und Gesetzlichkeitsverwahrung siehe: XII. Kapitel.

[4] Ausschluß der Öffentlichkeit in der Sache eines jugendlichen Beschuldigten: § 331 Abs. (1) — Die Verhandlung bezüglich der Befreiung von den an das bestrafte Vorleben sich anschließenden Nachteilen ist nicht öffentlich: § 300 Abs. (2).

scheiden, so ist das Strafurteil auch für das im Zivilprozeß erkennende Gericht hinsichtlich der Frage maßgebend, ob ein Verbrechen begangen worden ist und ob der Beschuldigte das Verbrechen begangen hat; doch ist das Gericht, das im Zivilprozeß zu entscheiden hat, bei der Feststellung der Schadensersatzpflicht durch das Urteil des Strafgerichts nicht gebunden.

(2) Die Frage, ob der Beschuldigte schuldig und welches Verbrebrechens er schuldig zu sprechen ist, wird vom Strafgericht auch dann selbständig beurteilt, wenn vom Gericht im Zivilprozeß bereits eine rechtskräftige Entscheidung ergangen ist.

Maßnahme zur Vorbeugung der Kriminalität

§ 13

(1) Im Strafverfahren sind auch die Gründe und Umstände, die die Begehung des Verbrechens ermöglicht oder gefördert hatten, aufzuklären.

(2) Die mit Strafsachen befaßten Behörden sind verpflichtet, um weiteren Straftaten vorzubeugen, das zum Eingreifen zuständige Organ zu unterrichten.

(3) Dieses Organ ist verpflichtet, innerhalb von 30 Tagen zu antworten und in seiner Antwort auch die Verfügungen, die es auf Grund der Benachrichtigung getroffen hat, mitzuteilen[5].

II. Kapitel

BEHÖRDEN, DIE IN STRAFSACHEN VORGEHEN

Ermittlungsbehörden

§ 14

(1) Ermittlungsbehörden sind: die Polizei und die Staatsanwaltschaft.

(2) Auf Grund besonderer Rechtsnormen können auch andere Organe (Finanzwache, Zollwache usw.) Ermittlungen vornehmen.

(3) Die Ermittlungsbehörden sind befugt, auch andere Staatsverwaltungsorgane mit der Vornahme von einzelnen Ermittlungshandlungen im Falle solcher Verbrechen zu betrauen, bei deren Verfolgung diese mitzuwirken verpflichtet sind.

Aufgabe der Ermittlungsbehörden

§ 15

Die Ermittlungsbehörden

a) treffen im Strafverfahren Maßnahmen im Interesse der Vorbeugung, der Aufdeckung und der Verhinderung der Fortsetzung von Verbrechen;

---

[5] Damit wird die im kommunistischen Sprachgebrauch erwähnte und bisher nur in internen Dienstvorschriften befohlene Pflicht, die sogenannte *Signalisierungstätigkeit* gesetzlich geregelt. Eine eingehende Regelung steht noch aus.

b) führen die Ermittlungen bei Verbrechen, die zu ihrer Zuständigkeit gehören, durch;
c) wenden die in diesem Gesetz bestimmten Zwangsmaßnahmen im Laufe der Ermittlungen an.

Aufgabe des Staatsanwaltes

§ 16

Der Staatsanwalt ist verpflichtet, die schnelle Aufdeckung der Verbrechen und die Einleitung des Strafverfahrens gegen die Verüber der Verbrechen zu sichern; ferner ist er verpflichtet, dafür zu sorgen, daß niemand gesetzwidrig zur strafrechtlichen Verantwortung gezogen und seiner persönlichen Freiheit beraubt wird. Der Staatsanwalt übt während der Erfüllung dieser Pflichten die Aufsicht über die Rechtmäßigkeit des Strafverfahrens aus.

§ 17

(1) Die Vertretung der Anklage im Strafverfahren ist — mit Ausnahme im Falle der Privatklage (§ 32) — Aufgabe des Staatsanwaltes. Der Staatsanwalt kann in der Verhandlung und bei anderen Verfahrenshandlungen als Vertreter der Anklage auch dann zugegen sein, wenn er zur Anwesenheit im Sinne des Gesetzes sonst nicht verpflichtet wäre; während des ganzen Gangs des Verfahrens kann er in die Akten Einsicht nehmen. Der die Anklage vertretende Staatsanwalt kann in allen während des Verfahrens auftretenden Fragen vor der gerichtlichen Stellungnahme Anträge stellen.

(2) Der Staatsanwalt kann, solange sich das Gericht noch nicht zur Urteilsfällung erster Instanz zurückgezogen hat (§ 216 Abs. 3), die Anklage zurücknehmen oder modifizieren; doch hat er die Pflicht, die Zurücknahme oder die Modifizierung der Anklage zu begründen[6].

§ 18

(1) Die Anwesenheit des Staatsanwalts bei der Verhandlung ist bindend, wenn das Verfahren vor dem Obersten Gericht oder dem Komitatsgericht in erster Instanz anhängig ist.

(2) Im Verfahren vor dem Bezirksgericht ist die Teilnahme des Staatsanwalts dann bindend, wenn:
a) Gegenstand des Verfahrens ein Verbrechen ist, dessen gesetzliche Strafe fünf Jahre Freiheitsentzug übersteigt;
b) sich der Beschuldigte in vorläufiger Festnahme befindet;
c) der Staatsanwalt seine Teilnahme an der Verhandlung vorher bekanntgegeben hat;

[6] Der Staatsanwalt ist in einem jeden Fall von der vorbereitenden Sitzung [§ 173 Abs. (1)] und von der Verhandlung [§ 180 Abs. (1)] zu benachrichtigen. — Über die Folgen der Zurücknahme der öffentlichen Klage siehe §§ 179 Abs. (1) und e) und 221 Abs. (3).

d) ihn das Gericht zur Teilnahme an der Verhandlung verpflichtet hat.

(3) Die Anklage vor dem Obersten Gericht wird durch den Obersten Staatsanwalt vertreten[7].

Gerichte

§ 19

(1) In erster Instanz urteilen:
das Bezirksgericht,
das Komitatsgericht und
das Militärgericht[8].

(2) In zweiter Instanz urteilen:
in Sachen, für die das Bezirksgericht sachlich zuständig ist, das Komitatsgericht,
in Sachen, für die das Komitatsgericht, sowie in Sachen, für die das Militärgericht zuständig ist, das Oberste Gericht.

(3) Wo das Gesetz das Bezirksgericht betreffende Anordnungen enthält, ist unter dem letzteren auch das städtische Gericht und das städtische Bezirksgericht zu verstehen, während bei Bestimmungen über die Komitatsgerichte auch das Budapester hauptstädtische Gericht darunter zu verstehen ist.

Ausschluß von Amtspersonen, die in Strafsachen vorgehen

Ausschluß von Richtern

§ 20

An der Erledigung der Sache kann als Richter nicht teilnehmen:

a) wer in der Sache die Rolle eines Staatsanwaltes, eines Beschuldigten oder eines Verteidigers, ferner eines Privatklägers, eines Verletzten, eines Anzeigers oder des Vertreters von diesen innehat oder innegehabt hat; sowie der in § 14 StGB bezeichnete Angehörige der angeführten Personen[9];

§ 21

Das Bezirksgericht bzw. Komitatsgericht, dessen Vorsitzender nach § 20 unter a) ausgeschlossen ist, kann in der Sache nicht vorgehen.

---

[7] Verbindliche Teilnahme des Staatsanwalts an der Berufungshandlung: § 250 Abs. (5). In Jugendsachen ist die Teilnahme des Staatsanwalts an der Verhandlung verbindlich: § 324 Abs. (1).

[8] Über das erstinstanzliche Verfahren des Obersten Gerichts siehe § 48. — Militärgerichte: § 346.

[9] Danach sind Angehörige: Verwandte in gerader Linie und deren Ehegatten, Adoptiv- und Pflegeeltern, Adoptiv- und Pflegekinder, Geschwister, Ehegatten, Lebensgefährten und Verlobte, Verwandte der Ehegatten in gerader Linie und Geschwister der Ehegatten sowie die Ehegatten der Geschwister.

Die Einbeziehung des „Lebensgefährten" ist neu. Damit wird die richterliche Übung, die den Lebensgefährten schon einheitlich als Angehörigen betrachtet, sanktioniert.

b) wer in der Sache eine Ermittlungshandlung vorgenommen hat;
c) wer in der Sache als Zeuge oder Sachverständiger vernommen worden ist;
d) derjenige, von dem die sachliche oder unparteiische Beurteilung der Sache aus einem anderen Grunde nicht zu erwarten ist (Befangenheit).

§ 22

Von der zweitinstanzlichen Erledigung der Sache ist auch der Richter ausgeschlossen, der an der erstinstanzlichen Erledigung der Sache teilgenommen hat.

§ 23

Im Wiederaufnahmeverfahren und bei der Entscheidung über die Gesetzlichkeitsverwahrung kann als Richter der, der an der Beschlußfassung im Grundverfahren mitgewirkt hat, nicht teilnehmen. Diese Anordnung bezieht sich nicht auf den Fall, in dem die Entscheidung, gegen die die Gesetzlichkeitsverwahrung eingelegt wurde, vom Präsidialsenat des Obersten Gerichts ergangen ist.

§ 24

(1) Das Gericht hat von Amts wegen darauf zu achten, daß ein im Sinn der vorangehenden Paragraphen ausgeschlossener Richter am Verfahren nicht teilnimmt.

(2) Der Richter ist verpflichtet, dem Vorsitzenden des Gerichts unverzüglich zu melden, wenn ihm gegenüber ein Ausschließungsgrund vorliegt; für das Versäumen der Meldung oder deren Verzögerung ist er disziplinarisch und materiell verantwortlich.

(3) Im Falle eines Ausschließungsgrundes wird das Ausschließungsverfahren vom Vorsitzenden des Gerichts von Amts wegen in Gang gesetzt.

(4) Der Ausschließungsgrund kann auch vom Staatsanwalt (Privatkläger), vom Verletzten, vom Beschuldigten und auch vom Verteidiger angemeldet werden. Diese Anmeldung ist in jedem Verfahrensabschnitt statthaft; doch kann der in § 20 d) genannte Ausschließungsgrund nach Beginn der Verhandlung nur dann geltend gemacht werden, wenn die Wahrscheinlichkeit dafür erwiesen wird, daß die der Anmeldung zugrunde liegende Tatsache der anmeldenden Person erst nach Beginn der Verhandlung zur Kenntnis gekommen ist und sie auf der Stelle gemeldet wurde.

§ 25

Ist die Anmeldung des Ausschließungsgrundes vom Richter selbst erfolgt oder hat dieser der Ausschließung selbst zugestimmt, so verfügt der Vorsitzende des Gerichts die Designierung eines anderen Senats bzw. eines anderen Richters. In diesem Falle ist kein besonderer Ausschließungsbeschluß erforderlich.

§ 26

(1) Kann die Ausschließungsfrage im Verwaltungswege nicht erledigt werden, so trifft ein anderer Senat desselben Gerichts die Entscheidung in der Sache.

(2) Hat dasselbe Gericht keinen anderen Senat, auf den sich kein Ausschließungsgrund bezieht, oder erstreckt sich der Ausschließungsgrund im Sinne des § 21 auf das ganze Gericht, so entscheidet das Gericht zweiter Instanz über die Ausschließung.

(3) Über die Frage der Ausschließung beschließt das Gericht in nicht öffentlicher Sitzung. Vor dem Beschluß muß dem Staatsanwalt Gehör geschenkt und — falls die Anmeldung nicht vom Richter selbst erfolgt ist — auch dessen Äußerung eingeholt werden.

(4) Gegen die Entscheidung, die die Ausschließung anordnet, findet keine Berufung statt; gegen die die Ausschließung ablehnende Entscheidung kann nur in der Berufung gegen die Entscheidung in der Sache selbst Beschwerde geführt werden.

§ 27

(1) Der Richter, der von dem die eigene Person betreffenden Ausschließungsgrund selbst Meldung gemacht hat, kann bis zur Erledigung seiner Anmeldung in der Sache nicht verfahren. In jedem anderen Fall kann zwar der betreffende Richter auch weiterhin verfahren, doch darf er, wenn es sich um Ausschließungsgründe handelt, die in § 20 a)—c) bezeichnet sind, bis zur Erledigung der Anmeldung an der Urteilsfindung nicht teilnehmen. Diese Beschränkung entfällt, wenn derselbe Anmeldende in derselben Sache nach Ablehnung der Ausschließung eine neue Anmeldung vornimmt.

(2) Macht der Beschuldigte, der Verteidiger, der Verletzte oder deren Vertreter eine auf Ausschließung gerichtete Anmeldung offenbar unbegründet, oder macht er in derselben Sache gegen denselben Richter wiederholt eine unbegründete Anmeldung, so kann er in dem den Ausschluß verweigernden Beschluß mit einer Geldbuße bis zu 1000 Forint belegt werden. Wegen der Verhängung der Geldbuße ist eine besondere Berufung mit aufschiebender Wirkung statthaft.

§ 28

Die Vorschriften der §§ 20—21 und 24—27 sind auch auf die Ausschließung des Protokollführers anzuwenden.

Ausschließung des Staatsanwaltes

§ 29

(1) Die Vorschrift des § 20 bezüglich der Ausschließung der Richter ist auf die Staatsanwälte mit den folgenden Abweichungen anzuwenden:

a) für den Staatsanwalt ist es kein Ausschließungsgrund, daß er in der Sache eine Ermittlungshandlung vorgenommen hat oder in der Sache sonst als Staatsanwalt vorgegangen ist;

b) für den Staatsanwalt ist ein Ausschließungsgrund, daß er in der Sache als Richter tätig war, oder daß er ein in StGB § 114 umschriebener Angehöriger des in der Sache erkennenden Richters ist.

(2) Über die Frage der Ausschließung der Bezirksstaatsanwälte entscheidet der Leiter der Bezirks-Staatsanwaltschaft, während bezüglich des letzteren und über die Frage der Ausschließung der Komitatsstaatsanwälte der Komitatsoberstaatsanwalt, über die Frage der Entscheidung der Komitatsstaatsanwälte und der Staatsanwälte der Oberste Staatsanwaltschaft der Oberste Staatsanwalt entscheidet. Die Vorschriften des § 24 sind auch hier entsprechend anzuwenden.

Ausschließung von Mitgliedern der Ermittlungsbehörde

§ 30

An der Ermittlung kann als Mitglied der Ermittlungsbehörde nicht teilnehmen, wer in der Sache die Rolle des Beschuldigten oder des Verteidigers, ferner des Privatklägers, des Verletzten, des Anzeigenden oder ihres Vertreters innehat oder innegehabt hat; sowie der in § 14 StGB bezeichnete Angehörige der angeführten Personen.

III. Kapitel

PERSONEN, DIE AM STRAFVERFAHREN TEILNEHMEN

Übersicht über die Teilnehmer des Strafverfahrens

§ 31

Am Strafverfahren nehmen — außer den vorgehenden Amtspersonen — der Privatkläger, der Beschuldigte, der Verteidiger, die Privatpartei, der Verletzte und die übrigen Beteiligten teil.

Der Privatkläger

§ 32

(1) In Fällen von leichter Körperverletzung, Hausfriedensbruch, Verletzung des Briefgeheimnisses, Ausspähung des Fernmeldegeheimnisses, Verleumdung und Ehrenbeleidigung wird, wenn das Strafverfahren nur auf Antrag statthaft ist, die Anklage vom Verletzten — als Privatkläger — vertreten.

(2) Bei mehreren Verletzten hängt es von ihrem Übereinkommen ab, welcher von ihnen als Privatkläger vorgehen soll. Mangelt es an einem Übereinkommen, so entscheidet das Zuvorkommen, und ist dieses nicht zu ermitteln, so ist die Entscheidung des Gerichts maßgebend.

(3) Stirbt der Privatkläger, so kann binnen 30 Tagen sein in § 114 StGB bezeichneter Angehöriger an seine Stelle treten[10].

§ 33

Der Privatkläger kann im Laufe des Verfahrens alle Anträge stellen und alle Erklärungen abgeben, die mit der Vertretung der Anklage verbunden sind; er kann jederzeit in die Akten Einsicht nehmen. Die Anklage kann er, solange sich das Gericht noch nicht zur Urteilsfällung erster Instanz zurückgezogen hat [§ 216 Abs. (3)] zurücknehmen oder modifizieren. Er ist nicht verpflichtet, die Zurücknahme der Anklage zu begründen.

§ 34

(1) Der Staatsanwalt kann in die Akten auch im Falle der Privatklage jederzeit Einsicht nehmen und in der Verhandlung erscheinen.

(2) Der Staatsanwalt kann die Vertretung der Anklage vom Privatkläger in jedem Verfahrensabschnitt übernehmen; in diesem Falle stehen dem Privatkläger die Rechte des Verletzten zu. Wenn jedoch der Staatsanwalt im Laufe des Verfahrens später auf die Vertretung der Anklage verzichtet, wird die Anklage erneut vom Privatkläger vertreten.

(3) Findet wegen Verleumdung oder Ehrenbeleidigung das Strafverfahren nur auf Verlangen statt [§ 270 Abs. (3) StGB], so wird die Anklage stets durch den Staatsanwalt vertreten.

Der Beschuldigte

§ 35

(1) Derjenige, gegen den das Strafverfahren eingeleitet ist, ist der Beschuldigte[11], und zwar sowohl während der Ermittlungen (Verdächtigter), wie auch nach der Einreichung der Anklageschrift (Angeklagter), schließlich auch nachdem das rechtskräftige Urteil gefällt ist (Verurteilter).

(2) Der Beschuldigte kann die Anträge, andersartige Unterbreitungen und Bemerkungen, die er im Interesse seiner Verteidigung für notwendig erachtet, in jedem Verfahrensabschnitt vorbringen. Er kann in die Akten nach dem Abschluß der Ermittlungen bzw. — falls dadurch der Erfolg des Verfahrens nicht gefährdet wird — auch während des Ganges der Ermittlungen Einsicht nehmen. In der Ver-

---

[10] Leichte Körperverletzung: StGB § 257 Abs. (1) und (7); Hausfriedensbruch: StGB §§ 263 Abs. (1) und 270 Abs. (1); Verletzung des Briefgeheimnisses, Ausspähung des Fernmeldegeheimnisses: StGB §§ 265 und 270 Abs. (1); Verleumdung: StGB §§ 266, 268 und 270 Abs. (1); Ehrenbeleidigung: StGB §§ 267—268 und 270 Abs. (1). — Gegen einen Jugendlichen kann Privatklage nicht erhoben werden: § 324 Abs. (2). Im Militärstrafverfahren ist Privatklage nicht statthaft: § 348.

[11] Versetzung in den Beschuldigtenstand: § 114.

handlung und bei der Durchführung der übrigen Verfahrenshandlungen kann er auch dann zugegen sein, wenn dies vom Gesetz nicht bindend vorgeschrieben ist.

(3) Der Beschuldigte ist jedesmal, wenn er eines seiner gesetzlich zugesicherten Rechte auszuüben befugt ist, hierauf aufmerksam zu machen.

Der Verteidiger

§ 36

(1) Verteidiger kann sein:

a) der Bevollmächtigte oder eine vom Gericht bestellte Rechtsanwaltsarbeitsgemeinschaft bzw. ein Rechtsanwalt;

b) vor dem Bezirksgericht, wenn auf ein Verbrechen vom Gesetz keine schwerere Strafe als fünf Jahre Freiheitsentzug angedroht wird, der gesetzliche Vertreter und kraft einer Vollmacht der in § 114 StGB bezeichnete volljährige Angehörige.

c) auf Grund einer Vollmacht auch eine andere Person, die durch eine besondere Rechtsvorschrift zum Auftreten als Verteidiger berechtigt ist.

(2) Derjenige, der an der Verhandlung in der Eigenschaft eines Zeugen beteiligt ist, kann nicht als Verteidiger auftreten.

(3) Für mehrere Beschuldigte kann ein gemeinsamer Verteidiger nur dann vorgehen, wenn zwischen ihren Interessen kein Gegensatz besteht[12].

---

[12] Nach § 362 bleiben die Vorschriften der §§ 31, 32 der GkVO Nr. 34 von 1957 über die Volksgerichtssenate und über die Regelung einzelner Fragen der Gerichtsverfassung sowie des Strafverfahrens auch weiterhin in Kraft. Sie enthalten folgende Sonderregelung der Strafverteidigung:

§ 31. (1) Als bevollmächtigter oder bestellter Verteidiger kann im Zivil- oder Militärstrafverfahren — wenn der Schutz der Staatsinteressen es besonders begründet — nur derjenige Rechtsanwalt auftreten, den der Justizminister in die zu diesem Zweck aufgestellte Liste aufgenommen hat.

(2) Der Justizminister bestimmt — im Einvernehmen mit dem Innenminister und dem Obersten Staatsanwalt — im Verordnungswege den Kreis der Straftaten, bei welchen die Vorschriften des Abs. (1) anzuwenden sind.

§ 32. Im Militärstrafverfahren kann auch in Sachen, die nicht unter die Vorschriften des § 31 fallen, nur derjenige Rechtsanwalt als Verteidiger auftreten, den der Justizminister in das Verzeichnis der Militärverteidiger oder in die auf Grund des § 31 Abs. (1) zusammengestellte Liste aufgenommen hat.

Verordnung Nr. 5/1957 (VI. 29) I. M. des Justizministers über die Durchführung der GkVO Nr. 34 von 1957.

§ 2. Die Bestimmung des § 31 (1) der GkVO ist anzuwenden, wenn

a) das Verfahren wegen einer Handlung, Bewegung oder Organisation, gerichtet gegen die volksdemokratische Staatsordnung und gegen die Volksrepublik (Punkt 1 BHÖ), wegen einer Vorbereitungshandlung usw. (Punkt 8 BHÖ) oder wegen Unterlassung der Anzeigepflicht (Punkt 9 BHÖ), wegen Hochverrats gegen das Hoheitsgebiet des un-

§ 37

Der Verteidiger ist verpflichtet, den Beschuldigten über die gesetzlichen Mittel der Verteidigung aufzuklären, ihn über seine gesetzlichen Rechte zu belehren und bei der Aufklärung der den Beschuldigten entlastenden sowie seine Verantwortung mildernden Tatsachen der Ermittlungsbehörde und dem Gericht behilflich zu sein; er ist ferner im Interesse des Beschuldigten verpflichtet, jedes gesetzliche Verteidigungsmittel unverzüglich einzulegen.

§ 38

(1) Die Teilnahme eines Verteidigers an der Verhandlung ist verbindlich, wenn

a) das Verbrechen vom Gesetz mit einer schwereren Strafe als mit fünf Jahren Freiheitsentzug bedroht wird oder der Beschuldigte in vorläufiger Festnahme ist;
b) der Beschuldigte eine taube, stumme oder geistig minderwertige Person ist;
c) der Beschuldigte die ungarische Sprache nicht beherrscht;
d) über die Frage der Zwangsheilbehandlung des Beschuldigten zu entscheiden ist;
e) das Gericht die Verhandlung nach § 198 (4) in Abwesenheit des Beschuldigten durchführt;
f) die Anklage in der Verhandlung vom Staatsanwalt vertreten wird. Verzichtet der Beschuldigte in einem solchen Fall ausdrücklich auf die Teilnahme eines Verteidigers, so kann die Verhandlung auch ohne die Teilnahme eines Verteidigers stattfinden; der Verzicht erstreckt sich auf das ganze Verfahren.

---

garischen Staates (Punkte 13 bis 16 BHÖ), Verbrechen des Aufstandes (Punkte 17 bis 24 BHÖ), Bildung eines bewaffneten Haufens (Punkt 25 BHÖ), Landesverrats und Spionage (Punkte 35 bis 47 BHÖ), Verbrechen gegen die internationale Verständigung (Punkt 49 BHÖ), Verbrechen gegen das Staatsgeheimnis (Punkt 109 BHÖ) eingeleitet wurde, ferner

b) in anderen Strafsachen, wenn dies der Schutz der Staatsinteressen besonders begründet.

§ 3. (1) Während des Ermittlungsverfahrens wird durch den Staatsanwalt, nach der Einreichung der Klageschrift durch den Vorsitzenden des Gerichts, festgestellt, ob in einer Strafsache der Schutz der Staatsinteressen besonders begründet ist (§ 2 b).

(2) Ergibt sich die besondere Begründung nach der Eröffnung der Verhandlung, so kann der schon früher bevollmächtigte (bestellte) Verteidiger bis zum rechtskräftigen Abschluß der Sache auch dann auftreten, wenn sein Name in der Liste [GkVO § 31 (1)] nicht erscheint.

§ 4. (1) Die Bestimmungen des § 31 (1) der GkVO sind auch dann anzuwenden, wenn dies bei mehreren Beschuldigten nur gegenüber einem begründet erscheint, ebenso, wenn das Verfahren wegen mehrerer Verbrechen eingeleitet wurde und Gründe für die Anwendung der bezeichneten Bestimmung nur bei einem Verbrechen festzustellen sind.

(2) Hat der Beschuldigte keinen beauftragten Verteidiger und ist die Verteidigung verbindlich, so bestellt der Vorsitzende des Senats von Amts wegen einen Verteidiger. Das Gericht kann auch außer den Fällen der verbindlichen Verteidigung einen Verteidiger bestellen, wenn dies im Interesse des Beschuldigten notwendig ist. Eine Verfügung dieser Art ist entweder von Amts wegen oder auf Ersuchen des Beschuldigten oder des in § 114 StGB bezeichneten Angehörigen statthaft.

(3) Das Gericht kann, falls es begründet ist, einen Verteidiger auch in dem der Verhandlung vorangehenden Verfahrensabschnitt bestellen. Leidet der Beschuldigte an Geisteskrankheit, an Schwachsinn oder an einer Bewußtseinsstörung, so ist die Verteidigung auch in dem der Verhandlung vorangehenden Verfahrensabschnitt verbindlich. In diesen Fällen wird der Verteidiger, falls die Akten noch nicht beim Gericht angekommen sind, vom Vorsitzenden des nach dem Sitz der vorgehenden Ermittlungsbehörde zuständigen Kreisgerichts bestellt[13].

§ 39

(1) In den Fällen, in denen die Bestellung eines Verteidigers notwendig ist, wird als Verteidiger eine Rechtsanwaltsarbeitsgemeinschaft vom Vorsitzenden des erkennenden Senats bestellt; der vorgehende Rechtsanwalt wird dann durch den Leiter der Arbeitsgemeinschaft aus den Reihen ihrer Mitglieder bestimmt. Der bestellte Verteidiger kann um seine Enthebung nur aus einem schwerwiegenden Grund nachsuchen.

(2) Als Verteidiger kann nicht bestellt werden:

a) der Verletzte, der in § 114 StGB bezeichnete Angehörige des Beschuldigten oder Verletzten,

b) derjenige, der in der Sache eine Ermittlungshandlung vorgenommen hat oder als Richter, als Staatsanwalt oder als Vertreter des Verletzten am Verfahren teilgenommen hat, ferner wer ein Verhalten gezeigt hat, das dem Interesse des Beschuldigten widerspricht.

(3) Der bestellte Verteidiger ist zur Ausübung der Verteidigung in jedem Verfahrensabschnitt verpflichtet. Ist der Sitz des erstinstanzlichen und des zweitinstanzlichen Gerichtes nicht derselbe, so bestellt auf Ersuchen des bestellten Verteidigers der Vorsitzende des in zweiter Instanz erkennenden Senats einen Verteidiger, der am Sitz des Gerichtes zweiter Instanz tätig ist und der dann die Verteidigung im zweitinstanzlichen Verfahren ausübt. Der Vorsitzende des an zweiter Instanz erkennenden Senats kann dies auch von Amts wegen an-

[13] Zwangsheilbehandlung: StGB § 61. — In Jugendsachen ist die Teilnahme des Verteidigers nach dem Abschluß der Ermittlungen verbindlich: § 325.

ordnen. Der vorherige Verteidiger ist von der Bestellung des neuen Verteidigers zu benachrichtigen.

(4) Die Bestellung des Verteidigers verliert ihre Geltung, wenn für die Verteidigung des Beschuldigten durch einen beauftragten Verteidiger gesorgt wird. Der bestellte Verteidiger ist von diesem Umstand zu benachrichtigen.

§ 40

(1) Einen Verteidiger kann vor allem der Beschuldigte beauftragen. Gibt der Beschuldigte keinen solchen Auftrag, so kann sein gesetzlicher Vertreter oder sein in § 114 StGB bezeichneter volljähriger Angehöriger für die Beauftragung eines Verteidigers sorgen.

(2) Der Beschuldigte kann dem von ihm selbst beauftragten, wie auch dem von einem anderen beauftragten Verteidiger den Auftrag entziehen.

§ 41

(1) Der Verteidiger kann im Interesse des Beschuldigten in jedem Verfahrensabschnitt mündlich oder schriftlich Anträge stellen oder anderweitige Vorschläge machen. Er kann in die Akten nach dem Abschluß der Ermittlungen, bzw. — sofern dies den Erfolg des Verfahrens nicht gefährdet — auch im Laufe der Ermittlungen Einsicht nehmen. Er kann zugegen sein, wenn die Ermittlungsbehörde dem Beschuldigten Einsicht in das Ermittlungsmaterial gewährt (§ 163). Er kann es einsehen, Einwendungen vorbringen und die Ergänzung der Ermittlungen beantragen.

(2) Entscheidungen, gegen die Berufung eingelegt werden kann, sind auch dem Verteidiger mitzuteilen.

Die Privatpartei

§ 42

(1) Der Verletzte, der einen zivilrechtlichen Anspruch geltend macht, ist die Privatpartei.

(2) Die Privatpartei kann gegen den Beschuldigten im Strafverfahren den zivilrechtlichen Anspruch geltend machen, der durch das Verbrechen entstanden ist; der Anspruch ist im Verlauf des erstinstanzlichen Verfahrens, spätestens jedoch bis zu dem Zeitpunkt, in dem sich das Gericht zur Urteilsfällung zurückzieht [§ 216 Abs. (3)], anzumelden.

(3) Stirbt der Verletzte, so kann sein Erbe die Rechte des Privatklägers geltend machen.

(4) Der Verletzte bzw. dessen Erbe wird durch den Umstand, daß er nicht als Privatpartei aufgetreten ist, nicht daran gehindert, seinen Anspruch auf einem anderen rechtlichen Wege geltend zu machen.

(5) Den dem Verletzten zustehenden zivilrechtlichen Anspruch kann auch der Staatsanwalt geltend machen.

(6) Erwähnt dieses Gesetz den Verletzten, so ist darunter auch die Privatpartei zu verstehen[14].

Der Verletzte

§ 43

(1) Der Verletzte kann nach dem Abschluß der Ermittlungen in die Akten Einsicht nehmen, in der Verhandlung das Wort ergreifen und Anträge stellen.

(2) Der Erbe des Verletzten darf nur hinsichtlich seines zivilrechtlichen Anspruchs Anträge stellen.

Die übrigen Beteiligten

§ 44

Die Person, deren Rechte durch eine im Verlauf der Verhandlung zu treffende Entscheidung unmittelbar betroffen werden können, kann in der Verhandlung erscheinen, dort in dem Umfange, in dem sie vom Verfahren unmittelbar betroffen wird, das Wort ergreifen und Anträge stellen.

Vertreter des Privatklägers, des Verletzten und der übrigen Beteiligten

§ 45

(1) Der Privatkläger, der Verletzte und die übrigen Beteiligten können ihre Rechte auch durch Vertreter ausüben.

(2) Im Verfahren sind zur Vertretung des Privatklägers, des Verletzten und der an der Sache beteiligten übrigen Personen die folgenden Personen befugt:

a) die bevollmächtigte Rechtsanwaltsarbeitsgemeinschaft oder der bevollmächtigte Rechtsanwalt;
b) der gesetzliche Vertreter;
c) kraft einer Vollmacht der in § 114 StGB bezeichnete volljährige Angehörige;
d) auch eine andere Person, die durch eine besondere Rechtsvorschrift zur Vertretung berechtigt ist.

(3) Ist der Privatkläger, der Verletzte oder ein anderer am Verfahren Beteiligter ein Staatsorgan (§ 114 StGB), eine gesellschaftliche Organisation oder eine Genossenschaft, so ist für deren Vertretung auch der dazu berechtigte Werktätige bzw. das zur Geschäftsführung der Genossenschaft befugte Mitglied oder ein Angestellter berechtigt.

---

[14] Über den Vortrag des zivilrechtlichen Anspruchs in der Anklageschrift siehe § 168 Abs. (4); über seine Entscheidung § 229 und § 227 Abs. (3); im Berufungsverfahren § 259; im Wiederaufnahmeverfahren § 279.

IV. Kapitel
SACHLICHE UND ÖRTLICHE ZUSTÄNDIGKEIT
Sachliche Zuständigkeit der Gerichte

§ 46

Das Verfahren, das Verbrechen zum Gegenstand hat, für deren Aburteilung nach den §§ 47 und 349 nicht die sachliche Zuständigkeit des Komitatsgerichts bzw. des Militärgerichts begründet ist, gehört zur sachlichen Zuständigkeit des Bezirksgerichts.

§ 47

Die sachliche Zuständigkeit des Komitatsgerichts ist gegeben in Verfahren wegen

a) Verbrechen, für die im Gesetz auch die Todesstrafe vorgesehen ist[15];
b) Verbrechen gegen den Staat (IX. Kapitel StGB) — ausgenommen die Aufreizung (§§ 127 und 128 StGB) — sowie wegen Verbrechen gegen den Frieden und gegen die Menschlichkeit (X. Kapitel StGB);
c) Verletzung des Staatsgeheimnisses (§ 160 StGB);
d) Geldfälschung (§§ 241—244 StGB);
e) Tötung mit Vorsatz [§ 253 Abs. (1) und (2) StGB];
f) anderer Verbrechen, sofern der Staatsanwalt auf Weisung des Obersten Staatsanwalts bei dem Komitatsgericht Anklage erhebt.

§ 48

(1) Erhebt der Oberste Staatsanwalt in Fällen von hervorragender Bedeutung die Anklage vor dem Obersten Gericht, so urteilt in erster Instanz das Oberste Gericht.

(2) Der Vorsitzende des Obersten Gerichts ist befugt, jede Sache in jedem Verfahrensabschnitt des Gerichtsverfahrens an sich zu ziehen, in Ausnahmefällen aber auch die Sache in die Zuständigkeit des Obersten Gerichts einzubeziehen.

Örtliche Zuständigkeit der Gerichte

§ 49

(1) Zur Durchführung des Verfahrens ist dasjenige Gericht zuständig, auf dessen Gebiet das Verbrechen begangen worden ist, auch wenn der Erfolg desselben anderswo eingetreten ist.

---

[15] Auf Todesstrafe kann erkannt werden außer den in b) und e) bezeichneten Verbrechen wegen:

Kriegsverbrechen gem. §§ 11 und 13 der VO Nr. 81/945, zur Gesetzeskraft erhoben durch das VII. Gesetz von 1945, bzw. gem. §§ 6 und 8 der VO Nr. 1440/1945; — Gefangenenmeuterei, StGB 168 Abs. (3); Herbeiführung einer öffentlichen Gefahr, StGB § 190 Abs. (2) unter b); Diebstahl, Unterschlagung, Betrug und Untreu, die das gesellschaftliche Eigentum schädigen, StGB § 295 Abs. (3) unter b); Raub an gesellschaftlichem Eigentum, StGB § 299 Abs. (4).

(2) Ist das Verbrechen auf dem Gebiet mehrerer Gerichte begangen worden, oder ist der Begehungsort nicht zu ermitteln, so ist dasjenige Gericht zuständig, das sich zuerst mit der Sache befaßt hat (Prävention). Wird aber der Begehungsort noch vor Anberaumung des Verhandlungstermines bekannt, so wird das Verfahren auf Antrag des Staatsanwaltes, des Privatklägers, des Beschuldigten oder des Verteidigers von demjenigen Gericht fortgesetzt, auf dessen Gebiet das Verbrechen begangen worden ist.

(3) Für das Verfahren ist auch dasjenige Gericht zuständig, in dessen Gebiet der Beschuldigte wohnhaft ist, sofern der Staatsanwalt die Sache diesem Gericht zur Aburteilung vorlegt, bzw. der Privatkläger die Fortsetzung des Verfahrens beim nach dem Wohnsitz des Beschuldigten örtlich zuständigen Gericht beantragt.

§ 50

Das Budapester hauptstädtische Gericht ist für Verfahren wegen Vaterlandsverrats (§ 129 StGB) und Spionage (§ 131 StGB), wegen Unterlassung der Anzeigepflicht hinsichtlich dieser Verbrechen (§ 132 StGB) sowie wegen dieser Verbrechen, wenn sie zum Schaden eines anderen sozialistischen Staates begangen sind (§ 133 StGB), ausschließlich örtlich zuständig[16].

§ 51

(1) Für Verfahren wegen Herbeiführung einer öffentlichen Gefahr (§ 190 StGB), Störung der Tätigkeit eines Betriebes von gemeinnützigem Interesse (§ 191 StGB), Verbrechen gegen die Sicherheit des Verkehrswesens (§§ 192—193 StGB), Trunkenheit am Steuer eines Fahrzeugs (§ 194 StGB), im beruflichen Bereich begangene Gefährdung (§ 258 StGB) und wegen unterlassener Hilfeleistung (§ 259 StGB) ist auf dem Gebiet des Budapester hauptstädtischen Gerichtes das Zentrale Bezirksgericht in Pest, auf dem übrigen Gebiet des Landes hingegen das Bezirksgericht am Sitze des Komitatsgerichts örtlich zuständig.

(2) In wegen der in Abs. (1) bezeichneten Verbrechen eingeleiteten Strafsachen erkennt das nach den allgemeinen Vorschriften örtlich zuständige Gericht, wenn der Staatsanwalt die Sache ihm unterbreitet.

§ 52

(1) Für Verfahren wegen Verbrechen gegen die Devisenbewirtschaftung (§ 247 StGB) ist das Zentrale Bezirksgericht in Pest ausschließlich örtlich zuständig.

(2) Wurde das Verbrechen hinsichtlich eines Wertes unter 5000,— Forint begangen, so ist für das Verfahren das Bezirksgericht am Sitz des Komitatsgerichts örtlich zuständig. In einem solchen Fall erstreckt

---

[16] Vgl. im Militärstrafverfahren: § 351.

sich die örtliche Zuständigkeit des Zentralen Bezirksgerichts in Pest auf das Gebiet des Budapester hauptstädtischen Gerichts, die örtliche Zuständigkeit des Bezirksgerichts am Sitz des Komitatsgerichts hingegen auf das Gebiet des betreffenden Komitats[17].

§ 53

(1) Im Falle eines im Ausland begangenen Verbrechens ist dasjenige inländische Gericht örtlich zuständig, auf dessen Gebiet der Verüber wohnt oder sich aufhält, bzw. wo er sich — in Ermangelung eines Aufenthaltes — in Haft befindet.

(2) Dasselbe gilt auch dann, wenn das Verbrechen außerhalb der Landesgrenzen, jedoch an einem Ort begangen worden ist, welcher dem Inland gleichzusetzen ist (StGB § 4. Abs. 2).

§ 54

(1) Wird dieselbe Person mehrerer Verbrechen beschuldigt und sind für das Verfahren verschiedene Gerichte sachlich zuständig, so erkennt wegen sämtlicher Verbrechen dasjenige Gericht, dessen sachliche Zuständigkeit auch das schwerste Verbrechen umfaßt. Zwischen mehreren gleicherweise sachlich zuständigen Gerichten entscheidet das Zuvorkommen, gehört jedoch eines der Verbrechen zur sachlichen Zuständigkeit des Militärgerichts, so ist die Vorschrift des § 349 Abs. (3) maßgebend.

(2) Wird dieselbe Person mehrerer Verbrechen beschuldigt und sind für das Verfahren verschiedene Gerichte örtlich zuständig, so kann wegen sämtlicher Verbrechen dasjenige Gericht erkennen, das zur Aburteilung eines der Verbrechen ausschließlich örtlich zuständig ist. Außer diesem Falle entscheidet das Zuvorkommen.

§ 55

(1) Im Falle mehrerer Verüber kann das Gericht, welches für einen Verüber örtlich zuständig ist, auch gegen die übrigen das Verfahren durchführen, sofern die Aburteilung des Verbrechens seine sachliche Zuständigkeit nicht übersteigt. Zwischen mehreren solchen Gerichten entscheidet das Zuvorkommen.

(2) Die örtliche Zuständigkeit, die für den Verüber begründet ist, erstreckt sich auch auf den Begünstiger und den Hehler.

Verbindung und Trennung von Strafsachen

§ 56

(1) Sämtliche Verüber des Verbrechens sowie auch der Begünstiger und der Hehler sind in der Regel im selben Verfahren zur Verantwortung zu ziehen.

---

[17] Im Militärverfahren: § 351.

(2) Strafsachen, deren gemeinsame Erledigung mit Rücksicht auf den Gegenstand des Verfahrens oder die daran beteiligten Personen oder aus einem anderen Grunde zweckmäßig erscheint, können verbunden werden.

(3) Die Verbindung der Strafsachen ist zu unterlassen bzw. sie sind voneinander zu trennen, wenn die große Anzahl der Beschuldigten oder ein anderer Grund die Verhandlung wesentlich erschweren würde.

(4) Im Falle der Trennung sind die Akten demjenigen Gericht zu übergeben, welches sonst örtlich zuständig wäre.

Prüfung der sachlichen und örtlichen Zuständigkeit

§ 57

(1) Das Gericht prüft bis zum Beginn der Verhandlung seine sachliche wie auch seine örtliche Zuständigkeit von Amts wegen.

(2) Nach Beginn der Verhandlung ist der Mangel der sachlichen Zuständigkeit insoweit von Amts wegen zu berücksichtigen, als die Sache zur Zuständigkeit des Komitatsgerichts oder des Militärgerichts gehört, bzw. ein Sonderverfahren stattzufinden hat; im übrigen kann der Mangel der sachlichen Zuständigkeit nicht berücksichtigt werden.

(3) Nach Beginn der Verhandlung ist der Mangel der örtlichen Zuständigkeit dann von Amts wegen zu berücksichtigen, wenn die Rechtsnorm eine ausschließliche örtliche Zuständigkeit vorschreibt; im übrigen kann aber der Mangel der örtlichen Zuständigkeit überhaupt nicht berücksichtigt werden[18].

Bestimmung (Designierung) des zuständigen Gerichts

§ 58

(1) In Kollisionsfällen hinsichtlich der sachlichen oder örtlichen Zuständigkeit, die sich als Folge rechtskräftiger Beschlüsse ergeben, sowie auch dann, wenn das zuständige Gericht wegen Ausschließung nicht im Stande ist, das Verfahren durchzuführen, ist das erkennende Gericht nach Anhörung des Staatsanwalts zu bestimmen.

(2) Die Bestimmung (Designierung) erfolgt durch den zweitinstanzlichen Senat des Komitatsgerichts in geschlossener Sitzung, wenn die Kollision ausschließlich zwischen den zu seinem Sprengel gehörenden Bezirksgerichten entstanden ist, bzw. wenn im Fall der Ausschließung des zu seinem Sprengel gehörenden Bezirksgerichts ein anderes, ebenfalls zu seinem Sprengel gehörendes Bezirksgericht bestimmt werden kann.

[18] Nach § 65 des II. Gesetzes von 1954 über die Gerichtsverfassung der Ungarischen Volksrepublik ist die Entscheidung des Gerichts für die Staatsverwaltungsorgane und Schiedsgerichte maßgebend.

(3) In den anderen Fällen erfolgt die Bestimmung (Designierung) nach Anhörung des obersten Staatsanwalts durch das Oberste Gericht. Das Oberste Gericht bestimmt das zuständige Gericht auch dann, wenn die für die örtliche Zuständigkeit maßgebenden Umstände nicht zu ermitteln sind.

(4) Ist die Kollision in der sachlichen oder örtlichen Zuständigkeit zwischen den verschiedenen Kollegien des Obersten Gerichts, bzw. zwischen Straf-, Zivil- oder Militärgericht entstanden, so entscheidet der Präsidialsenat des Obersten Gerichts nach Anhörung des Obersten Staatsanwaltes.

§ 59

Das Oberste Gericht bestimmt an Stelle des sonst zuständigen Gerichts auf Antrag des Obersten Staatsanwalts ein anderes Gericht von gleicher sachlicher Zuständigkeit, wenn dies hinsichtlich der Vorbereitung der Sache, der Erleichterung der Beweisaufnahme oder wegen eines anderen mit dem Strafverfahren verbundenen schwerwiegenden Interesses begründet ist.

Örtliche Zuständigkeit des Staatsanwaltes

§ 60

(1) Die örtliche Zuständigkeit des Staatsanwalts richtet sich nach der örtlichen Zuständigkeit desjenigen Gerichts, neben welchem der Staatsanwalt tätig ist. Doch kann auf Anordnung des Obersten Staatsanwaltes bzw. des zuständigen Oberstaatsanwalts jeder Staatsanwalt in jedem Verfahrensabschnitt auch in einer Sache tätig sein, auf welche sich seine örtliche Zuständigkeit sonst nicht erstrecken würde.

(2) In dringenden Fällen hat jeder Staatsanwalt die Pflicht, die notwendigen Verfügungen innerhalb seines Zuständigkeitssprengels auch dann zu treffen, wenn er nicht zuständig ist. Von Verfügungen dieser Art ist der zuständige Staatsanwalt unverzüglich zu benachrichtigen.

(3) Außerhalb seines Zuständigkeitssprengels darf der Staatsanwalt eine Verfahrenshandlung nur mit Zustimmung des zuständigen Staatsanwaltes vornehmen, ausgenommen der Fall der unverzüglichen Dringlichkeit, doch muß das Verfahren auch dann dem zuständigen Staatsanwalt nachträglich mitgeteilt werden.

(4) Die örtliche Zuständigkeitskollision, die sich zwischen Staatsanwälten, die auf dem Gebiet desselben Komitats (Hauptstadt) tätig sind, ergeben hat, wird vom Komitats-(Hauptstadt-)Oberstaatsanwalt entschieden. Im übrigen entscheidet in Fällen von Zuständigkeitskollisionen zwischen Staatsanwälten der Obersten Staatsanwalt.

V. Kapitel
BEWEISMITTEL
Übersicht über die Beweismittel
§ 61

Beweismittel sind vornehmlich: die Zeugenaussagen, die Gutachten der Sachverständigen, die Beweisgegenstände, Urkunden, der Augenschein und die Aussage des Beschuldigten[19].

Zeugenaussage
§ 62

(1) Als Zeuge ist derjenige zu vernehmen, der von den für die Sache bedeutsamen Tatsachen Kenntnis hat.

(2) Die als Zeuge geladene Person ist verpflichtet, zur Vernehmung zu erscheinen und — falls vom Gesetz keine Ausnahme gemacht wird — die Aussage zu machen.

(3) In der Vorladung kann der Zeuge auch aufgefordert werden, bestimmte Aufzeichnungen, Schriften oder andere beim Verhör verwendbare in seinem Besitz befindliche Gegenstände mitzubringen.

§ 63

(1) Als Zeuge kann nicht vernommen werden:

a) der Verteidiger des Beschuldigten über Mitteilungen, die dieser ihm als seinem Verteidiger gemacht hat;

b) derjenige, von dem auf Grund seines körperlichen oder geistigen Gebrechens keine richtige Aussage zu erwarten ist.

(2) Die Aussage einer Person, die entgegen diesem Paragraphen vernommen worden ist, kann als Beweis nicht beachtet werden.

§ 64

(1) Der Zeuge kann über eine Tatsache nicht verhört werden, die die Eigenschaft eines Staats- oder eines Amtsgeheimnisses (§ 163 StGB) hat, sofern er von der Geheimhaltungspflicht nicht befreit worden ist.

(2) Die Geheimhaltungspflicht bleibt auch nach der Beendigung des ihr zugrunde liegenden Verhältnisses bestehen.

---

[19] Vorschriften hinsichtlich der Zeugen sind in §§ 62—65, 70—72, 82, 133—134 und 207 enthalten.

Hinsichtlich der Sachverständigen siehe: §§ 66—72, 82, 135—140 und 207.

Beweisgegenstände siehe: §§ 73, 141—142, 144—153 und 210.

Urkunden siehe: § 209.

Augenschein siehe: §§ 74, 141—143 und 208.

Vorschriften bezüglich der Vernehmung des Beschuldigten enthalten die §§ 82, 114—119, 173 und 204—205.

(3) Welche Behörde oder welches Organ in den einzelnen Fällen zur Entbindung von der Geheimhaltungspflicht befugt ist, wird durch besondere Rechtsvorschriften bestimmt.

(4) Im Ersuchen um Enthebung von der Geheimhaltungspflicht sind die Fragen, bezüglich welcher um Enthebung ersucht wird, zu bezeichnen.

(5) Die Aussage eines entgegen diesem Paragraphen verhörten Zeugen kann als Beweis nicht in Betracht kommen.

§ 65

(1) Die Zeugenaussage kann verweigert werden:

a) vom Angehörigen im Sinne des § 114 StGB;

b) von demjenigen, der sich oder seinen in § 114 StGB bezeichneten Angehörigen bezüglich der damit verbundenen Frage eines Verbrechens bezichtigen würde;

c) von einer Person, die kraft ihres Berufs oder ihres öffentlichen Auftrags zur Geheimhaltung verpflichtet ist, wenn sie durch die Zeugenaussage ihre Geheimhaltungspflicht verletzen würde, es sei denn, daß der Betroffene sie von dieser Pflicht entbunden hat.

(2) Der Zeuge ist auf sein Verweigerungsrecht vor dem Verhör bzw. sogleich, wenn sich der Verweigerungsgrund herausstellt, aufmerksam zu machen. Daß dies erfolgt ist, sowie die Antwort des Zeugen darüber, daß er darauf aufmerksam gemacht worden ist, ist in das Protokoll aufzunehmen.

(3) Über die Berechtigung der Verweigerung der Zeugenaussage hat die das Verfahren durchführende Behörde zu entscheiden.

(4) Wird der Zeuge im Falle dieses Paragraphen, obwohl er sich begründeterweise auf seine Befreiung beruft, zur Aussage verpflichtet, oder werden die in Abs. 2 enthaltenen Bestimmungen nicht eingehalten, so kann die Aussage des Zeugen als Beweis nicht in Betracht kommen.

Gutachten des Sachverständigen

§ 66

(1) Ist für die Feststellung oder Beurteilung der für die Sache bedeutsamen Tatsachen oder andersartigen Umstände eine besondere Fachkenntnis notwendig, so ist ein Sachverständiger zuzuziehen. Ist jemand als Sachverständiger bestellt worden, so hat er die Pflicht, vor der bestellenden Behörde zu erscheinen und — wenn das Gesetz keine Ausnahme zuläßt — in der Sache mitzuwirken und ein Sachverständigengutachten zu erstatten.

(2) In der Regel ist ein Sachverständiger zuzuziehen; doch können in besonders bedeutsamen oder verwickelten Angelegenheiten auch mehrere Sachverständige mitwirken. Bei einer gerichtlichen Obduktion und bei der Untersuchung des Geisteszustandes des Beschuldigten sind zwei ärztliche Gutachter zuzuziehen.

(3) Als Sachverständiger ist in der Regel ein öffentlich bestellter ständiger Sachverständiger bzw. ein Sachverständigenbüro (Arbeitsgemeinschaft) zu bestellen; im letzteren Fall bestimmt den vorgehenden Sachverständigen der Leiter des Sachverständigenbüros (der Arbeitsgemeinschaft). Ein anderer Sachverständiger kann nur bei Vorliegen eines schwerwiegenden Grundes zugezogen werden.

(4) Von der Bestellung des Sachverständigen sind — mit Angabe des Namens des bestellten Sachverständigen — der Privatkläger, der Beschuldigte, der Verteidiger und die Privatpartei, im Laufe des Gerichtsverfahrens hingegen auch der Staatsanwalt zu verständigen.

(5) Der Sachverständige gibt sein Gutachten im eigenen Namen und auf seine persönliche Verantwortung ab.

§ 67

(1) Als Sachverständiger kann derjenige nicht tätig sein, auf den ein in § 20 a), b) oder d) genannter Ausschließungsgrund zutrifft, sowie auch derjenige nicht, der in der Sache als Richter beteiligt war. Im übrigen sind auf den Sachverständigen die die Ausschließung der Richter betreffenden Anordnungen entsprechend anzuwenden.

(2) Die Anordnungen der §§ 63—65 sind auch hinsichtlich der Sachverständigen entsprechend anzuwenden. Der Sachverständige kann von seiner in § 66 Abs. (1) bezeichneten Pflicht aus einem triftigen Grund enthoben werden.

§ 68

(1) Der Justizminister kann im Einvernehmen mit dem Innenminister und dem Obersten Staatsanwalt im Verordnungswege hinsichtlich einzelner Verbrechen die verbindliche Zuziehung von Sachverständigen und in Verbindung damit bezüglich der Vernehmung des Sachverständigen sowie der Einnahme des Augenscheins eingehende Verfahrensregeln vorschreiben.

(2) Der Justizminister kann im Verordnungswege verbindlich anordnen oder erlauben, daß das Gericht in Fragen, die einen bestimmten Fachkreis betreffen, statt der Bestellung eines Sachverständigen zum Zwecke der Begutachtung oder Überprüfung des Gutachtens des von ihm bestellten Sachverständigen, die in der Verordnung bezeichnete Sachverständigenkörperschaft oder Behörde bzw. das bezeichnete Organ hinzuzieht. Der Justizminister kann in diesem Fall das Verfahren auch abweichend von den die Sachverständigen betreffenden Anordnungen regeln.

Dolmetscher

§ 69

(1) Ist der Beschuldigte oder die im Verfahren zu verhörende Person der ungarischen Sprache nicht mächtig, so ist beim Verhör ein Dolmetscher zu verwenden.

(2) Ein Dolmetscher ist auch dann zu verwenden, wenn das Verhör einer tauben oder stummen Person durch schriftlichen Verkehr nicht möglich ist.

(3) Hinsichtlich des Dolmetschers sind die Anordnungen des Gesetzes über die Sachverständigen entsprechend anzuwenden.

Zwangsmittel gegen Zeugen und Sachverständige

§ 70

(1) Die das Verfahren durchführende Behörde kann den Zeugen oder Sachverständigen, der trotz vorschriftsmäßiger Ladung (Bestellung) nicht erschienen ist und sein Ausbleiben nicht mit einem triftigen Grund entschuldigt hat, oder den, der sich ohne Erlaubnis entfernt hat, vorführen lassen (§ 82) und ihn mit einer Geldbuße bis zu tausend Forint belegen. In diesen Fällen ist der Zeuge oder Sachverständige zugleich zum Ersatz der durch ihn verursachten Kosten zu verpflichten.

(2) Entschuldigt der Zeuge oder Sachverständige sein Ausbleiben (Sich-Entfernen) nach Anwendung der in Abs. (1) erwähnten Maßnahmen mit einem triftigen Grund, so sind die Maßnahmen aufzuheben.

(3) Die Berufung bzw. Beschwerde, die sich gegen einen eine Geldbuße auferlegenden und zum Ersatz der Kosten verpflichtenden Beschluß sowie gegen einen die Außerkraftsetzung eines solchen ablehnenden Beschluß richtet, hat aufschiebende Wirkung.

§ 71

(1) Verweigert der Zeuge oder Sachverständige, nachdem er auf die Folgen hingewiesen wurde, die Zeugenaussage bzw. das Mitwirken und Begutachten ohne Angabe des Grundes oder trotz der Entscheidung der Behörde, so ist er zum Ersatz der Kosten zu verpflichten; er kann zugleich mit einer Geldbuße bis zu 1000 Forint belegt werden.

(2) Der Sachverständige kann auch dann mit einer Geldbuße bis zu 1000 Forint belegt werden, wenn er, nachdem er auf die Folgen hingewiesen wurde, mit der Vorlage seines schriftlichen Gutachtens ohne triftigen Grund säumig wird.

(3) Die Berufung bzw. die Beschwerde, die sich gegen die den Verweigerungsgrund verwerfende Entscheidung sowie gegen den die Geldbuße auferlegenden Beschluß richtet, hat aufschiebende Wirkung.

(4) Wäre Geldbuße gegen Personen zu verhängen, die dem militärischen Strafverfahren unterworfen sind (§ 103 Abs. 1. StGB), so wendet sich die vernehmende Behörde zum Zwecke der Abwicklung des Disziplinarverfahrens an den Vorgesetzten des Zeugen bzw. Sachverständigen.

Entlohnung von Zeugen und Sachverständigen

§ 72

(1) Der Zeuge hat Anspruch auf den Ersatz der ihm aus seinem Erscheinen notwendigerweise erwachsenden Kosten. Hierauf ist der Zeuge nach Beendigung der Einvernahme aufmerksam zu machen.

(2) Das festgesetzte Zeugengeld — im Höchstfalle der von dem Zeugen begehrte Betrag — wird von der vernehmenden Behörde auf der Stelle angewiesen. Wird der Zeuge aus einer anderen Gemeinde geladen, so können ihm die Reisekosten auch als Vorschuß angewiesen werden.

(3) Die eingehenden Vorschriften über die Entlohnung der Sachverständigen gleichwie über die durch Zeugen und Sachverständigen aufrechenbaren Kosten werden vom Justizminister im Einvernehmen mit den zuständigen Ministern und mit dem Obersten Staatsanwalt festgesetzt.

Beweisgegenstände

§ 73

(1) Als Beweisgegenstand dient ein Gegenstand, der als Mittel zur Begehung des Verbrechens gedient hat, auf den sich das Verbrechen bezog oder der durch das Verbrechen hervorgebracht worden ist, ferner auch jeder andere Gegenstand, der zum Beweis von Tatsachen, die zur Entscheidung in der Sache notwendig sind, geeignet ist.

(2) Die Beweisgegenstände werden von der das Verfahren führenden Behörde aufbewahrt (Beweisstücke). Ist der Beweisgegenstand zur Aufbewahrung ungeeignet oder ist seine Aufbewahrung unnötig, so ist eine Beschreibung, die die mit dem Verbrechen zusammenhängenden Angaben enthält, und notfalls ein von den Beweisgegenständen verfertigtes Lichtbild den Akten beizulegen.

Augenschein

§ 74

Ein Augenschein hat stattzufinden, wenn zur Feststellung oder Aufklärung eines wesentlichen Umstandes die unmittelbare Beobachtung bzw. Untersuchung einer Person (Leichnam), eines Gegenstandes, einer Tatsache oder eines Schauplatzes zweckmäßig ist.

VI. Kapitel

ALLGEMEINE VERFAHRENSVORSCHRIFTEN

Fristen

§ 75

(1) Die Fristen sind nach Stunden, Tagen, Monaten oder Jahren zu rechnen.

(2) Bei der in Tagen festgesetzten Frist rechnet der Anfangstag nicht mit. Anfangstag ist der Tag, auf welchen die zum Anfang der

Frist Anlaß gebende Handlung oder ein anderer Umstand (z. B. Zustellung, Verkündung) fällt.

(3) Die in Monaten oder Jahren festgesetzte Frist läuft an dem Tage ab, der der Zahl nach dem Anfangstag entspricht, wenn aber dieser Tag im Monat des Ablaufs fehlt, am letzten Tag des Monats.

(4) Fällt der letzte Tag der Frist auf einen arbeitsfreien Tag, so läuft die Frist erst am nächstfolgenden Arbeitstag ab.

§ 76

(1) Die Frist läuft mit dem Ende des letzten Tages ab; doch läuft die zur Einlegung einer an eine Behörde gerichteten Eingabe und zur Vornahme einer Handlung vor der Behörde festgesetzte Frist bereits mit dem Ende der Amtsstunden ab.

(2) Als Versäumung der Frist ist es nicht anzusehen, wenn die Eingabe spätestens am letzten Tag zur Post gegeben worden ist; doch kann wegen der hieraus entstandenen Verspätung die Verhandlung nicht aufgeschoben werden.

Wiedereinsetzung in den vorigen Stand

§ 77

(1) Hat der Staatsanwalt, der Privatkläger, der Beschuldigte, der Verteidiger oder die Privatpartei eine Verhandlung oder einen anderen Termin oder eine Frist schuldlos versäumt, so kann den Folgen des Versäumnisses mittels Wiedereinsetzung in den vorigen Stand wieder abgeholfen werden.

(2) Das Wiedereinsetzungsgesuch kann binnen 8 Tagen eingelegt werden. Diese Frist ist vom versäumten Termin bzw. vom letzten Tag der versäumten Frist an zu rechnen. Ist aber die Versäumnis der Partei erst später zur Kenntnis gekommen oder ist das Hindernis erst später weggefallen, so beginnt die Frist für das Wiedereinsetzungsgesuch mit der Kenntnisnahme bzw. mit dem Wegfall des Hindernisses. Nach Ablauf von sechs Monaten kann ein Wiedereinsetzungsgesuch nicht mehr eingereicht werden[20].

§ 78

(1) Im Wiedereinsetzungsgesuch sind der Grund des Versäumnisses sowie die Umstände, die die Schuldlosigkeit des Versäumnisses wahrscheinlich machen, vorzutragen.

(2) Im Falle der Versäumung einer Frist ist im Wiedereinsetzungsgesuch zugleich auch die versäumte Handlung nachzuholen.

(3) Das Wiedereinsetzungsersuchen hat weder hinsichtlich der Fortsetzung des Verfahrens noch hinsichtlich der Vollstreckung der Entscheidung aufschiebende Wirkung. Erscheint aber der Erfolg des Wie-

[20] Nach § 251 findet gegen die Versäumung des Termins der Berufungsverhandlung keine Wiedereinsetzung in den vorigen Stand statt.

dereinsetzungsersuchens wahrscheinlich, so kann die Aussetzung des Verfahrens oder der Vollstreckung der Entscheidung von Amts wegen angeordnet werden.

§ 79

(1) Über das Wiedereinsetzungsgesuch entscheidet die Behörde, in deren Verfahren das Versäumnis vorgekommen war; im Falle der Versäumung einer Berufungsfrist aber die Behörde zweiter Instanz.

(2) Wird die Wiedereinsetzung in den vorigen Stand vom Gesetz ausgeschlossen oder ist das Wiedereinsetzungsgesuch verspätet eingelegt worden, so ist das Gesuch abzulehnen, ohne daß auf die Sache eingegangen wird. Dasselbe gilt auch für den Fall, daß der Ansuchende die versäumte Handlung nicht gleichzeitig mit dem Gesuch nachgeholt hat. Die Frage, ob die Voraussetzungen des Gesuchs vorliegen, ist nach den Grundsätzen der Billigkeit zu entscheiden.

(3) Wird dem Wiedereinsetzungsgesuch stattgegeben, so ist die Ersatzhandlung als innerhalb der versäumten Frist vorgenommen anzusehen; die im versäumten Termin durchgeführte Verhandlung aber ist im notwendigen Umfang zu wiederholen. Je nach dem Ergebnis der neuen Verhandlung ist zu entscheiden, ob die auf der Grundlage der versäumten Handlung ergangene Entscheidung aufrechtzuerhalten bzw. vollständig oder teilweise aufzuheben ist.

(4) Gegen die Entscheidung, die dem Wiedereinsetzungsgesuch stattgibt, findet kein Rechtsmittel statt.

Ladung — Vorführung

§ 80

(1) Die Ladung hat die Bezeichnung der ladenden Behörde, den Namen und die Wohnungsanschrift des Geladenen, den Ort und die Zeit des Erscheinens, die Mahnung an die Folgen des Fernbleibens, schließlich das Siegel der ladenden Behörde und die Unterschrift des Mitglieds der Behörde, die das Verfahren führt, zu enthalten. Der Geladene ist auch darüber zu unterrichten, in welcher Eigenschaft er zu erscheinen hat.

(2) Vor der Einreichung der Anklageschrift darf in der Ladung das dem Verfahren zugrunde liegende Verbrechen nicht bezeichnet werden. Nach der Einreichung der Anklageschrift ist in der Ladung auch das Verbrechen zu bezeichnen.

(3) Die Ladung ist dem Beschuldigten in einem geschlossenen Schreiben zuzustellen.

§ 81

Das Mitglied einer bewaffneten oder polizeilichen Körperschaft ist regelmäßig durch Vermittlung seines Vorgesetzten zu laden; hat aber der Geladene am Sitz der ladenden Behörde keinen Vorgesetzten und ist Gefahr im Verzug, so kann die Ladung unter gleichzeitiger Verständigung des Vorgesetzten auch unmittelbar erfolgen.

§ 82

(1) Erscheint der Beschuldigte, der Zeuge oder der Sachverständige trotz vorschriftsmäßiger Ladung nicht und entschuldigt er sein Ausbleiben nicht im voraus mit einem triftigen Grund, so kann seine Vorführung angeordnet werden.

(2) Die Vorführung ist schriftlich anzuordnen. Sie hat die Bezeichnung der anordnenden Behörde, den Namen und die Wohnungsanschrift des Vorzuführenden, das dem Verfahren zugrunde liegende Verbrechen, den Grund der Anordnung der Vorführung, den Ort und die Zeit der Gestellung, das Siegel und die Unterschrift des Mitglieds der das Verfahren führenden Behörde zu enthalten.

(3) Das mit der Vorführung betraute behördliche Organ hat die Pflicht, den die Vorführung anordnenden Beschluß dem Vorzuführenden zuzustellen und ihn — sofern es not tut, auch durch Anwendung von Gewalt — bei der Behörde vorzuführen.

(4) Soll ein Mitglied einer bewaffneten oder polizeilichen Körperschaft vorgeführt werden, so hat sich die anordnende Behörde an dessen Vorgesetzten zu wenden.

Zustellung

§ 83

(1) Hat der Privatkläger, der Verletzte oder ein anderer Beteiligter einen Bevollmächtigten, so sind die an ihn gerichteten Schriftstücke diesem zuzustellen.

(2) Die Ladung ist dem Geladenen auch dann zuzustellen, wenn er einen Bevollmächtigten hat.

§ 84

(1) Die Zustellung erfolgt nach den besonderen Vorschriften der Zustellung von Amtsschriften.

(2) Der Adressat kann das Schriftstück — sofern er die Identität seiner Person nachweist — auch bei der Behörde übernehmen.

(3) Kann nach der Vorschrift die Zustellung durch Bekanntmachung erfolgen, so ist das Schriftstück fünfzehn Tage lang an der Bekanntmachungstafel der Behörde sowie am letzten Wohnort des Adressaten an der Bekanntmachungstafel des Ortsrates anzuschlagen. Das Schriftstück ist, nachdem es bei der die Bekanntmachung erlassenden Behörde angeschlagen worden ist, am 15. Tage als zugestellt zu betrachten[21].

Protokolle

§ 85

(1) Über die einzelnen Verfahrenshandlungen, darunter auch die Verhandlungen und vorbereitenden Sitzungen der Gerichte, ist ein Protokoll aufzunehmen.

---

[21] Zustellung der Ladung zur Verhandlung durch Bekanntmachung: § 180 Abs. (5), — Zustellung des Urteils durch Bekanntmachung: § 218 Abs. (2).

(2) Über die sonstigen Sitzungen der Gerichte ist dann ein Protokoll aufzunehmen, wenn es das Gesetz anordnet oder das Gericht es als notwendig erachtet.

(3) In der vorbereitenden Sitzung und in Gerichtsverhandlungen ist stets ein Protokollführer zu verwenden[22].

§ 86

(1) Im Protokoll ist anzugeben:

a) die dem Verfahren zugrunde liegende Sache;

b) Ort und Zeit des Verfahrens;

c) die Namen der anwesenden Mitglieder der Behörde, ferner die Namen der anwesenden und am Verfahren teilnehmenden sonstigen Personen und ihrer Vertreter sowie der gestellten gerichtlichen Zeugen;

d) die Tatsache, daß die Verhandlung bzw. die Sitzung eine öffentliche war.

(2) Im Protokoll sind der Gang des Verfahrens und die darin vorgefallenen Ereignisse kurz zu beschreiben, und zwar so, daß es nach dem Protokoll auch möglich ist festzustellen, ob das Verfahren den gesetzlich vorgeschriebenen formalen Anforderungen entspricht. Die Aussagen des Beschuldigten und der Zeugen, das Gutachten der Sachverständigen, das Ergebnis des Augenscheins sind erschöpfend zu Protokoll zu nehmen. Ist der genaue Wortlaut eines Ausdrucks oder einer Erklärung von Bedeutung, so ist dieser Wort für Wort zu Protokoll zu nehmen. Das Verfahrensprotokoll hat — mit Ausnahme des Urteils — auch die im Verlauf der Verhandlung ergangenen Entscheidungen zu enthalten.

(3) Verlangt der Staatsanwalt, der Privatkläger, die Privatpartei, der Beschuldigte oder der Verteidiger, daß ein Umstand der Verhandlung oder eine während dieser abgegebene Erklärung zu Protokoll genommen werden soll, so kann hiervon nur dann abgesehen werden, wenn die Behörde keine Kenntnis davon hat, daß der Umstand vorlag oder die Erklärung abgegeben wurde.

(4) Über die Beratung und die Abstimmung des Gerichts muß, sofern der Beschluß nicht einstimmig ist, ein besonderes Protokoll aufgenommen werden, welches in einem Umschlag verschlossen werden muß. In dieses Protokoll sowie in dessen Beilagen kann das in der Sache später vorgehende Gericht Einsicht nehmen.

---

[22] Die Sitzungen des Gerichts: § 91. Die Aufnahme eines Protokolls ist in den folgenden Fällen verbindlich; wenn der Beschluß nicht einstimmig ist: § 86 Abs. (4); Bei der Bemessung einer Gesamtstrafe: § 283 Abs. (3); bei der nachträglichen Anordnung der Vollstreckung der ausgesetzten Strafe: § 284 (2) und über die geschlossene Sitzung in der Frage der Begnadigung: § 310 Abs. (3).

§ 87

(1) Nimmt der Privatkläger die Anklage in der Verhandlung zurück, so kann von der Protokollierung der vernommenen Personen abgesehen werden, und es genügt die Anführung der Personen, die das Gericht vernommen hat.

(2) Das Protokoll soll auch in diesem Falle die etwaige Erklärung des Beschuldigten, die den Privatkläger zur Zurücknahme der Anklage veranlaßt hat, sowie die Erklärung des Privatklägers hinsichtlich der Zurücknahme der Anklage enthalten.

§ 88

(1) Jeder Bogen des Protokolls wird von dem das Verfahren führenden Mitglied der Behörde und vom Protokollführer unterschrieben. Das über die Verhandlung und Sitzung des Gerichts aufgenommene Protokoll ist — als dessen Abschluß — nur einmal zu unterschreiben.

(2) Von den außerhalb der Verhandlung vernommenen Personen wird derjenige Teil des Protokolls, der sich auf ihr Verhör bezieht, nachdem er ihnen vorgelesen wurde, bogenweise unterschrieben; vor der Unterschrift kann die vernommene Person die Ergänzung oder Berichtigung des Protokolls verlangen.

(3) Sind im Verfahren behördliche Zeugen verwendet worden, so wird das Protokoll auch von diesen unterschrieben.

(4) Wird im Falle des Abs. (2) und (3) die Unterschrift unter das Protokoll verweigert, so ist dieser Umstand und der Grund der Verweigerung im Protokoll zu verzeichnen.

(5) Über die Verhandlung und die Sitzung des Gerichts ist das Protokoll womöglich gleichzeitig, jedoch spätestens innerhalb von acht Tagen aufzunehmen; das Protokoll wird vom Vorsitzenden und dem Protokollführer unterschrieben.

§ 89

(1) Vom Gericht kann die stenographische Aufzeichnung der ganzen Verhandlung oder eines Teiles angeordnet werden. Auf Antrag des Staatsanwalts ist die stenographische Aufzeichnung anzuordnen. Auf Antrag des Beschuldigten, des Verteidigers, des Privatklägers oder der Privatpartei kann die stenographische Aufzeichnung nur dann angeordnet werden, wenn die damit verbundenen Kosten beim Gericht auf der Stelle hinterlegt werden.

(2) Der Stenograph wird aus der Reihe der befähigten Stenographen vom Vorsitzenden des Senats bestellt. Auf die Stenographen sind die die Sachverständigen betreffenden Bestimmungen entsprechend anzuwenden.

(3) Die stenographische Aufzeichnung allein ersetzt das Verhandlungsprotokoll nicht.

(4) Von der Behörde kann auch die Tonbandaufnahme der Ermittlungshandlung, der ganzen Verhandlung oder eines Teiles davon an-

geordnet werden. Die Bestimmungen des Abs. (3) sind auch in diesen Fällen entsprechend anzuwenden.

§ 90

(1) Der Privatkläger, der Beschuldigte, der Verteidiger und der Verletzte können in das Verhandlungsprotokoll und dessen Beilagen — mit Ausnahme des über die Beratung und die Abstimmung aufgenommenen Protokolls — Einsicht nehmen und Abschriften davon machen. Es ist jedoch unzulässig, von einem Protokoll über eine Verhandlung, von der die Öffentlichkeit ausgeschlossen war, Abschriften zu machen.

(2) Dem Staatsanwalt (Privatkläger), dem Beschuldigten, dem Verteidiger und der Privatpartei steht es frei, bis zur Übersendung der Akten an das zweitinstanzliche Gericht, wurde jedoch keine Berufung eingelegt, binnen fünfzehn Tagen nach der Fertigstellung des Gerichtsverhandlungsprotokolls, um dessen Ergänzung oder Berichtigung nachzusuchen. Über diesen Antrag entscheidet nach Anhörung des Protokollführers das Gericht.

(3) Der Inhalt des Protokolls ist notfalls auch von Amts wegen zu ergänzen bzw. zu berichtigen. Hiervon sind die Beteiligten zu benachrichtigen[23].

Sitzungen der Gerichte

§ 91

(1) In der geschlossenen Sitzung des Gerichts können nur der Vorsitzende und die Mitglieder des Senats sowie der Protokollführer anwesend sein.

(2) In der nichtöffentlichen Sitzung des Gerichts können — falls das Gesetz nicht anderswie verfügt — außer den in Abs. (1) bezeichneten Personen nur der Staatsanwalt und die Personen, die am Strafverfahren teilnehmen (§ 31), anwesend sein.

(3) Hinsichtlich der nichtöffentlichen Sitzung ist die Vorschrift des § 10 maßgebend.

(4) Über die Teilnahme an der vorbereitenden Sitzung verfügt der § 173, über die Teilnahme an der Senatssitzung hingegen der § 245[24].

---

[23] Protokoll über die Beratung: § 86 Abs. (4). Ausschluß der Öffentlichkeit: §§ 10 und 331. Einsendung der Akten an das zweitinstanzliche Gericht: § 238.

[24] Das Gericht entscheidet in geschlossener Sitzung: im allgemeinen bei einer Beschlußfassung: § 93 Abs. (1); in der Frage der Bestimmung des zuständigen Gerichts: §§ 58 Abs. (2—4) und § 59; wenn es nach Anberaumung des Verhandlungstermins eine Entscheidung fällt, die ansonsten zur vorbereitenden Sitzung gehört: § 184 Abs. (2); wenn es im Berufungsverfahren Beweisaufnahme anordnet: § 248 Abs. (2); wenn die Entscheidung über die gegen einen Beschluß eingelegte Berufung erfolgt und nicht eine Verhandlung durchzuführen ist: § 269 Abs. (1); bei der Entscheidung eines Antrags auf Wiederaufnahme des Verfahrens: § 274 Abs. (1); bei Gesamt-

Gerichtliche Entscheidungen

§ 92

(1) Das Gericht entscheidet in den vom Gesetz bezeichneten Fällen durch Urteile, in den übrigen Fällen durch Beschlüsse.

(2) Das Gericht fällt seine Urteile und sachentscheidenden Beschlüsse „im Namen der Volksrepublik".

(3) Die gerichtlichen Entscheidungen sind mit Gründen zu versehen; ausgenommen sind die Beschlüsse, in denen Ladungen angeordnet, Verhandlungstermine festgesetzt oder aufgeschoben werden, sowie die Weisungen, die das zweitinstanzliche Gericht dem erstinstanzlichen oder das Gericht seinem eigenen Organ erteilt.

(4) Die Anordnungen hinsichtlich des Urteils und der Urteilsfassung sind auch dann entsprechend anzuwenden, wenn das Gericht in der Sache selbst durch einen Beschluß entscheidet.

§ 93

(1) Das Gericht fällt seine Entscheidung in geschlossener Sitzung nach erfolgter Beratung durch Abstimmung. Fehlt die Einstimmigkeit, so entscheidet die Stimmenmehrheit.

(2) Der jüngere Richter gibt seine Stimme vor dem älteren ab, während der Vorsitzende seine Stimme als letzter abgibt. Der bei der Abstimmung in der Minderheit gebliebene Richter hat das Recht, sein schriftliches Separatvotum dem Beratungsprotokoll [§ 86 Abs. (4)] beizulegen.

§ 94

61) Die gerichtliche Entscheidung ist den anwesenden Beteiligten durch Verkündung, andernfalls durch Zustellung bekanntzumachen.

(2) Wird die Entscheidung verkündet, so ist ihr Inhalt den Beteiligten zu erklären.

(3) Das Urteil und der sachentscheidende Beschluß des Gerichts sind dem Beschuldigten auch dann zuzustellen, wenn sie ihm schon durch Verkündung bekanntgemacht waren.

---

strafenbildung: § 283 Abs. (3); bei der nachträglichen Anordnung der Vollstreckung der ausgesetzten Strafe: § 284 Abs. (2); im objektiven Einziehungsverfahren, wenn ohne Verhandlung entschieden wird: § 285 Abs. (3); im Falle der nachträglichen Anordnung der vorläufigen Festnahme und der Einziehung: § 286 Abs. (1); im Falle der Außerkraftsetzung der Befreiung von den an das bestrafte Vorleben sich anschließenden Nachteilen: § 301 Abs. (2); im Falle der nachträglichen Verhängung der Nebenstrafen: § 302 Abs. (2); im Falle der nachträglichen Ausdehnung der Vermögenseinziehung § 303; in der Frage der Begnadigung: § 310 Abs. (3).

Das Gericht entscheidet in nichtöffentlicher Sitzung: über die Ausschließung der Richter: § 26 Abs. (3); über die bedingte Haftentlassung und über ihre Aufhebung: §§ 289 Abs. (3) und 291 Abs. (2), sowie im Auslieferungsverfahren: § 297 Abs. (4).

Das Oberste Gericht entscheidet in öffentlicher Sitzung über die Gesetzlichkeitsverwahrung: § 281 Abs. (2).

§ 95

(1) Im Falle einer Namensverwechslung, einer fehlerhaften Namensabschrift, eines Zahl- oder Rechenfehlers oder eines anderen ähnlichen Versehens kann das Gericht die Berichtigung der Entscheidung entweder auf Antrag oder von Amts wegen — auch ohne Anhörung der Prozeßbeteiligten — jederzeit anordnen. Ebenso verfährt das Gericht auch dann, wenn die Entscheidung hinsichtlich der Anrechnung oder Nichtanrechnung der vorläufigen Festnahme auf die Strafe bzw. der Festsetzung des Anfangstages der Freiheitsstrafe einen offensichtlichen Fehler enthält.

(2) Der die Berichtigung anordnende Beschluß ist auf der Entscheidung und soweit möglich auch auf deren Ausfertigungen zu verzeichnen.

Durchführung der Verwarnung

§ 96

(1) Die Verwarnung besteht darin, daß die Strafbehörde dem Beschuldigten die Unrichtigkeit seines Verhaltens erläutert und ihn auffordert, sich in Zukunft der Begehung jedweder sozialgefährdenden Handlung zu enthalten.

(2) Die Verwarnung ist in jedem Abschnitt des Verfahrens im Beisein des Beschuldigten mündlich auszusprechen. Das Protokoll hierüber wird auch von dem Beschuldigten unterschrieben, ausgenommen der Fall, daß die Verwarnung durch das Gericht bei der Verhandlung erfolgt[25].

Ersuchen

§ 97

Die Staatsverwaltungsorgane, ebenso die örtlichen Organe der Staatsgewalt sind verpflichtet, dem Ersuchen der Behörden, die in Strafsachen vorgehen, unverzüglich Folge zu leisten.

VII. Kapitel

EINLEITUNG DES VERFAHRENS. — ERMITTLUNGEN

Anzeige

§ 98

(1) Jede Behörde und jede Amtsperson sind verpflichtet, die Verbrechen, von denen sie in ihrem Zuständigkeitskreis Kenntnis erlangen, mit der Bezeichnung der Personen, die die Tat begangen haben, anzuzeigen. Sie haben auch die Pflicht, die in ihrem Besitz befindlichen Beweismittel der Anzeige beizulegen, sofern dies aber nicht möglich

---

[25] Verwarnung: StGB § 60: „Eine Verwarnung soll ohne Zumessung einer Strafe demjenigen zuteil werden, dessen Handlung und Person entweder bei der Begehung oder — infolge von veränderten Verhältnissen — bei der Beurteilung sich als in so geringem Maße sozialgefährlich erweist, daß auch die nach diesem Gesetz anwendbare mildeste Strafe sich erübrigt."

ist, für deren Aufbewahrung bzw. Unversehrtheit zu sorgen. Wird durch eine besondere Rechtsnorm die Anzeige dem Ermessen einer Behörde überlassen, so ist diese zur Anzeige nicht verpflichtet, während eine andere Behörde (Amtsperson) aber in diesem Fall die Pflicht hat, die der Anzeige zugrunde liegenden Tatsachen der zur Anzeige befugten Behörde mitzuteilen.

(2) Ist das Strafverfahren wegen eines Verbrechens nach der Rechtsnorm von der Anzeige einer bestimmten Behörde[26] abhängig, so wird die Anzeige durch die Entscheidung des Obersten Staatsanwaltes, der die Einleitung des Strafverfahrens anordnet, ersetzt.

---

[26] EG § 35 (1) Im Sinne der Vorschrift des § 251 StGB sind zur Anzeige des Verbrechens berechtigt:

a) in den Fällen der Pflichtverletzungen in Zusammenhang mit der Wirtschaftsführung (§ 224 StGB), der verschwenderischen Wirtschaftsführung (§ 225 StGB), der Irreführung der Organe der Volkswirtschaft (§ 226 StGB), der Hinderung der wirtschaftlichen Kontrolle und des Sammelns von Angaben (§ 227 StGB), des Mißbrauchs von Erfindungen (§ 228 StGB), des Vertriebs von qualitätsmäßig schlechten Industrieerzeugnissen (§§ 230—231 StGB), — der Vorsitzende des Landesplanungsamtes oder der Minister (Leiter eines Organs von nationalem Wirkungsbereich), der über das staatliche Organ (Genossenschaft), in welchem das Verbrechen begangen wurde, die Aufsicht ausübt, bzw. der nach dem Objekt des staatlichen Organs (Genossenschaft) zuständig ist;

b) außer den unter a) bezeichneten Personen,
falls die Irreführung der Organe der Volkswirtschaft (§ 226 StGB) oder die Hinderung der wirtschaftlichen Kontrolle und des Sammelns von Angaben (§ 227 StGB) die Finanzinteressen verletzt — der Finanzminister und insofern das Verbrechen durch die Organe der Bank wahrgenommen wird, außer ihm der Vorsitzende der Ungarischen Nationalbank,
im Falle des Mißbrauchs von Erfindungen (§ 228 StGB) auch der Vorsitzende des Landespatentamtes, im Falle des Vertriebs von qualitätsmäßig schlechten Industrieerzeugnissen, sofern die Vorschriften der Landesnormen der Ungarischen Volksrepublik verletzt wurden (§ 232 StGB) — auch der Vorsitzende des Ungarischen Normungsamtes;

c) in den Fällen der unbefugten Außenhandelstätigkeit (§ 237 StGB) und des Zollverbrechens (§ 249 StGB) — der Außenhandelsminister;

d) im Falle eines Verbrechens gegen die Investitions- und Finanzdisziplin (§ 229 StGB) — der Finanzminister oder der Vorsitzende des Landesplanungsamtes, wenn jedoch das Verbrechen durch die Organe der Bank wahrgenommen wird, auch der Vorsitzende der Ungarischen Nationalbank;

e) im Falle des Steuerbetrugs (§ 248 StGB) — der Finanzminister oder das von ihm bestimmte Organ.

(2) Bei allen in Abs. (1) bezeichneten Verbrechen kann auch der Vorsitzende des Zentralen Ausschusses für die Volkskontrolle die Anzeige erstatten.

§ 99

(1) Jeder Staatsbürger hat das Recht und die moralische Pflicht, das zu seiner Kenntnis gelangte Verbrechen anzuzeigen.

(2) Diejenigen Fälle, in denen jedermann zur Anzeige verpflichtet ist, werden durch besondere gesetzliche Anordnungen festgelegt[27].

(3) Zur Anzeige von Antragsdelikten ist allein der Antragsberechtigte befugt; auf die Anzeige einer anderen Person kann in solchen Sachen keine Ermittlung vorgenommen werden.

(4) Die auf frischer Tat betroffene Person kann von jedermann festgenommen werden, jedoch ist er verpflichtet, diese zum nächsten Polizeiorgan oder Staatsanwalt zu begleiten; ist ihm dies nicht möglich, so hat er die Pflicht, eine der genannten Behörden unverzüglich zu benachrichtigen.

Form der Anzeige

§ 100

(1) Die Anzeige ist bei der Staatsanwaltschaft oder bei einer anderen Ermittlungsbehörde mündlich oder schriftlich zu erstatten. Zur Aufnahme der Anzeige ist auch das Gericht verpflichtet. Von der mündlich erstatteten Anzeige ist ein Protokoll aufzunehmen. Die Ermittlungsbehörde, bei der die Anzeige erstattet worden ist, ist zur Vornahme der unaufschiebbaren Ermittlungshandlungen auch dann verpflichtet, wenn sie hierzu nicht zuständig wäre.

(2) Ist die Anzeige nicht bei der in Abs. (1) bezeichneten Behörde erfolgt, oder ist diese Behörde in der Sache für die Ermittlung nicht zuständig, so ist die Anzeige an die hierfür zuständige Behörde weiterzuleiten.

(3) Die vorstehenden Anordnungen sind auch für die Stellung des Strafantrages maßgebend. Jede Äußerung des Antragsberechtigten, in welcher er verlangt, daß der Täter oder Teilnehmer zur Strafverantwortung gezogen werde, ist als Antrag zu betrachten.

Ergänzung der Anzeige

§ 101

(1) Kann die Ermittlungsbehörde auf Grund des Inhaltes der Anzeige in der Frage der Anordnung oder Verweigerung der Ermittlungen nicht zufriedenstellend Stellung nehmen, so ist für die Ergänzung der Anzeige zu sorgen.

(2) Die Ermittlungsbehörde ist im Interesse der Ergänzung der Anzeige zu folgenden Maßnahmen berechtigt: Sie kann vom Anzeiger, vom Verletzten, von Staatsorganen, gesellschaftlichen Organisationen oder Genossenschaften sowie von Privatpersonen die Zurverfügungstellung von Urkunden und Angaben, bzw. ihre Zusendung und Aus-

[27] Verbrechen gem. StGB §§ 132 (1), 162 (1), 206 (1), 308 (1), 316 (7) und § 17 Abs. (7) der VO Nr. 81/1945 ME.

kunfterteilung fordern; sie kann vom Leiter des die Anzeige erstattenden Staatsorganes, der gesellschaftlichen Organisation oder der Genossenschaft die Durchführung einer Untersuchung, eines Schadenerhebungsverfahrens und die Anhörung von Personen fordern.

(3) Die in Abs. (2) bezeichneten Maßnahmen sind bis zu einem solchen Zeitpunkt durchzuführen, daß die Ergänzung der Anzeige innerhalb von fünfzehn Tagen, gerechnet vom Eingang der Anzeige, erfolgt.

(4) Über die Anordnung oder Verweigerung der Ermittlungen ist spätestens nach Ablauf der in den vorherigen Absätzen bezeichneten Frist zu entscheiden.

Einleitung des Verfahrens

§ 102

Ist eine Ergänzung der Anzeige nicht notwendig, so ist über die Anordnung oder die Verweigerung der Ermittlungen innerhalb von drei Tagen, gerechnet vom Eingang der Anzeige, zu entscheiden.

§ 103

(1) Ermittlungen sind nur im Falle eines erheblichen Verdachtes eines Verbrechens und auf Grund eines motivierten schriftlichen Beschlusses der zuständigen Ermittlungsbehörde statthaft.

(2) Ohne den Beschluß, der die Ermittlungen anordnet, können nur unaufschiebbare Ermittlungshandlungen vorgenommen werden; zu diesen gehören vor allem, wenn der Täter auf frischer Tat betroffen wird oder Fluchtverdacht besteht, die Festnahme des Beschuldigten, die Sicherung des Tatorts und der Beweisstücke, die in § 137 bezeichnete Handlung, ferner bei Gefahr im Verzug oder zur Verhinderung eines Verbrechens Augenschein, Hausdurchsuchung, Leibesvisitation und Beschlagnahme.

(3) Von der Anordnung der Ermittlungen ist der zuständige Staatsanwalt unverzüglich zu benachrichtigen.

Verweigerung der Ermittlungen

§ 104

(1) Die Vornahme der Ermittlungen ist zu verweigern, wenn sich bereits aus der Anzeige ergibt, daß

a) die darin bezeichnete Handlung kein Verbrechen ist;

b) das Verbrechen schon früher rechtskräftig abgeurteilt wurde;

c) nach dem Gesetz ein die Strafbarkeit ausschließender oder aufhebender Grund vorliegt[28].

---

[28] Die Strafbarkeit ausschließende Gründe sind in § 19, die aufhebenden Gründe in § 30 StGB enthalten.

(2) Im Falle einer Vorschriftsverletzung[29] ist die Anzeige — gleichzeitig mit der Verweigerung der Ermittlungen — der Vorschriftsverletzungsbehörde weiterzuleiten.

§ 105

Die Vornahme von Ermittlungen ist zu verweigern und die Anzeige dem zuständigen Gesellschaftsgericht oder der Disziplinarbehörde abzugeben, wenn schon auf Grund der Anzeige festzustellen ist, daß in der Sache ein gesellschaftliches Gerichtsverfahren begründet erscheint oder auch die disziplinarische Erledigung des Falles genügt und die Rechtsnorm das Unterbleiben des Strafverfahrens gestattet.

§ 106

(1) Die Ermittlungen können auf Grund des § 104 Abs. (1) c) nicht verweigert werden, wenn nach dem Gesetz die Anordnung der Zwangsheilbehandlung angewendet werden kann.

(2) Die Ermittlungen zur Durchführung des in § 285 geregelten Verfahrens sind auch bei Vorliegen eines die Strafbarkeit ausschließenden oder aufhebenden Grundes vorzunehmen, wenn eine Einziehung unabhängig von der Strafbarkeit statthaft ist[30].

§ 107

(1) Über die Verweigerung der Ermittlung entscheidet der Staatsanwalt bzw. die das Verfahren durchführende Ermittlungsbehörde. Bezieht sich die Anzeige auf eine Handlung, die vom Gesetz mit einer schwereren als einer einjährigen Freiheitsstrafe bedroht ist und führt in der Sache nicht der Staatsanwalt die Untersuchung, so ist, wie auch im Falle der Überleitung an das Gesellschaftsgericht bzw. an die Disziplinarbehörde, zur Verweigerung der Ermittlungen die Zustimmung des Staatsanwalts notwendig.

(2) Von der Verweigerung der Ermittlungen ist mit der Zustellung der begründeten Entscheidung der Verletzte, ferner derjenige, der die Anzeige gemacht oder den Antrag gestellt hat, zu benachrichtigen.

(3) Die Verweigerung der Ermittlungen schließt nicht aus, daß von der Behörde in derselben Sache später Ermittlungen angestellt werden.

Vorschriften des Verfahrens gegen den Verdächtigten vor der Erklärung zum Beschuldigten

§ 108

Die Ermittlungsbehörde ist berechtigt, die Person, die der Begehung des Verbrechens verdächtigt werden kann (Verdächtigter), vor der Versetzung in den Beschuldigtenstand vorzuladen, zu vernehmen und,

---

29 Vgl. § 227.

30 Die Fälle der Anordnung der Zwangsheilbehandlung enthält § 61 StGB; die der Einziehung § 63 StGB.

falls die Aufklärung der Sache es erfordert, sie in Haft zu nehmen, bzw. ihr zu untersagen, den Wohnsitz zu verlassen, oder die Wohnortsermittlung anzuordnen und Haftbefehl zu erlassen, ferner ist sie berechtigt, Augenschein, Hausdurchsuchung, Leibesvisitation und Beschlagnahme vorzunehmen und den Verdächtigten zur Unterwerfung einer Untersuchung durch einen Sachverständigen zu verpflichten.

§ 109

(1) Die in § 108 bezeichneten Ermittlungshandlungen und Maßnahmen sind entsprechend der Vorschrift dieses Gesetzes vorzunehmen.

(2) Der Verdächtigte kann nur im Falle eines mit Freiheitsentzug zu ahndenden Verbrechens in Haft genommen werden; die Festnahme ist auf höchstens zweiundsiebzig Stunden beschränkt. Erfolgt während dieser Zeit nicht die Versetzung in den Beschuldigtenstand und wird nicht die vorläufige Festnahme angeordnet, so ist der Verdächtigte aus der Haft zu entlassen.

Vornahme der Ermittlungen

§ 110

(1) Bei den Ermittlungen ist für die Feststellung der Person des Verübers, wenn Fluchtgefahr besteht, für deren Verhinderung, für die Vernehmung des Beschuldigten und der Zeugen, für die Beschaffung und Sicherung der Beweisgegenstände, im Notfall für die Einnahme des Augenscheins, die Vernehmung der Sachverständigen sowie für die Klärung der weiteren für den Erfolg des Verfahrens notwendigen Umstände auf eine andere geeignete Weise Sorge zu tragen. Bei den Ermittlungen sind auch die in § 168 Abs. (1) b) bezeichneten Umstände aufzuklären.

(2) Gleichzeitig mit der Einleitung des Strafverfahrens sind zwecks Verhinderung der Begehung oder der Fortsetzung des Verbrechens sowie im Interesse der Sicherung der Spuren des Verbrechens Vorkehrungen zu treffen.

§ 111

(1) Die Ermittlungen sind gleichzeitig gegen sämtliche Verüber der Straftat sowie gegen den Begünstiger und den Hehler in der Regel gemeinsam abzuwickeln.

(2) Von der Verbindung der Sachen ist abzusehen, bzw. die Sachen sind zu trennen, wenn die große Anzahl der Verüber oder ein anderer Grund den Abschluß der Ermittlungen wesentlich verzögern oder die gerichtliche Verhandlung der Sache wesentlich erschweren würde.

§ 112

(1) Die Ermittlungsbehörde ist befugt, vom Schauplatz der Ermittlungen jeden zu entfernen, dessen Gegenwart das Verfahren hindern oder dessen Erfolg gefährden würde.

(2) Denjenigen, der die Ordnung des Verfahrens stört, kann die Ermittlungsbehörde mit einer Geldbuße bis zu 1000 Forint belegen.

§ 113

(1) Die Ermittlungen sind, von der Anordnung derselben an gerechnet, binnen eines Monats abzuwickeln. In Ausnahmefällen, wenn dies durch die besondere Schwierigkeit der Sache oder durch ein unabwendbares Hindernis begründet ist, kann der Komitats-(Hauptstadt-)Oberstaatsanwalt die Dauer der Ermittlungen um zwei weitere Monate verlängern:

(2) Nur der Oberste Staatsanwalt kann die Erlaubnis dazu erteilen, daß die Ermittlungen länger als drei Monate dauern.

(3) Die in den Absätzen (1) und (2) bezeichneten Fristen sind auch für die Nacherhebungen maßgebend; die Frist ist vom Eingang der Akten an die Behörde, die die Nacherhebungen vornimmt, zu rechnen[31].

Versetzung in den Beschuldigtenstand

§ 114

(1) Ist auf Grund der bei den Ermittlungen aufgedeckten Angaben eine bestimmte Person in begründeter Weise mit der Begehung des Verbrechens zu verdächtigen, so hat die Ermittlungsbehörde über die Erklärung dieser Person zum Beschuldigten eine begründete Entscheidung zu treffen. Die Entscheidung muß die Personalien des Beschuldigten, das Wesentliche der Handlung und die Bezeichnung der anzuwendenden Rechtsnormen enthalten.

(2) Die Entscheidung über die Versetzung in den Beschuldigtenstand ist dem Beschuldigten mitzuteilen, und er ist über den Inhalt der Entscheidung bis zum Abschluß der Ermittlungen als Beschuldigter zu vernehmen.

Vernehmung des Beschuldigten

§ 115

(1) Der Beschuldigte ist bei seinem Erscheinen auf Grund seiner Ladung bzw. seiner Vorführung auf der Stelle zu vernehmen.

(2) Die Ermittlungsbehörde kann den Beschuldigten mit Rücksicht auf das Alter, die Krankheit, das körperliche Gebrechen oder aus sonstigen Zweckmäßigkeitsgründen auch außerhalb ihrer Amtsräume vernehmen.

(3) Der festgenommene Beschuldigte ist binnen vierundzwanzig Stunden zu vernehmen. Diese Frist ist von dem Zeitpunkt an zu rechnen, in dem der Beschuldigte bei der vernehmenden Behörde gestellt worden ist.

---

[31] Dauer der vorläufigen Festnahme: § 123.

(4) Ist der Beschuldigte bei einem staatlichen Organ (§ 114 StGB) angestellt und erscheint die Forsetzung des Verfahrens auch nach seiner ersten Vernehmung als notwendig, so ist sein Vorgesetzter von der Einleitung der Ermittlungen zu benachrichtigen[32].

§ 116

(1) Die Beschuldigten sind einzeln zu vernehmen, wobei dafür zu sorgen ist, daß sie nicht untereinander in Verkehr treten.

(2) Bei der Vernehmung des Beschuldigten kann außer dem vernehmenden Mitglied der Behörde und dem Protokollführer in der Regel niemand anwesend sein.

§ 117

(1) Zu Beginn der Vernehmung ist der Beschuldigte über seinen Namen, Zeit und Ort seiner Geburt, seinen Wohnort, seine Schulausbildung, seine Beschäftigung, seine Staatsbürgerschaft, seinen militärischen Dienstgrad, seine Familien- und Erwerbs- bzw. Vermögensverhältnisse, den Namen seiner Eltern sowie darüber zu befragen, ob er vorbestraft ist und im bejahenden Fall wann, wo und wofür er bestraft worden ist.

(2) Der Beschuldigte ist eingehend zu verhören; dabei ist ihm Gelegenheit zu geben, seine Verteidigung zusammenhängend darzulegen.

(3) Verweigert der Beschuldigte die Aussage, so ist er darauf aufmerksam zu machen, daß sein Verhalten die Forsetzung des Verfahrens nicht hindert, daß er sich jedoch damit der Verteidigung begibt.

(4) Durch Gewalt, Drohung oder andere Zwangsmittel darf der Beschuldigte nicht zur Aussage oder zum Geständnis gezwungen werden.

§ 118

(1) Widersprechen sich die Aussagen der Beschuldigten, so ist die Klärung des Widerspruchs notfalls durch Gegenüberstellung zu versuchen.

(2) Für die Gegenüberstellung des Beschuldigten mit einem Zeugen ist § 134 Abs. (2) maßgebend.

§ 119

(1) Die Aussage des Beschuldigten ist in der Form der ersten Person und in der nötigen eingehenden Weise zu Protokoll zu nehmen.

(2) Der Beschuldigte kann seine Aussage auch eigenhändig schriftlich machen; die schriftliche Aussage ist dem Protokoll beizufügen.

---

[32] Vernehmung von Jugendlichen: § 326.

Vorläufige Festnahme

§ 120

(1) Eine vorläufige Festnahme kann nur dann angeordnet werden:
a) wenn die Person des bei der Tat betroffenen Beschuldigten nicht festzustellen ist;
b) wenn der Beschuldigte die Flucht ergriffen hat, sich vor den Behörden verborgen hält oder wenn in Anbetracht der Schwere der Strafe der ihm zu Last gelegten Verbrechen oder aus einem anderen Grunde zu befürchten ist, daß er flieht oder sich verborgen hält;
c) wenn Gründe anzunehmen sind, daß der Beschuldigte, wenn er auf freiem Fuß bleibt, die Klärung der strafbaren Handlung vereiteln oder erschweren würde;
d) wenn der Beschuldigte während des Verfahrens ein neues Verbrechen begangen hat sowie auch dann, wenn zu befürchten ist, daß er, falls er auf freiem Fuß bleibt, das von ihm versuchte oder vorbereitete Verbrechen zu Ende führen oder ein neues Verbrechen begehen würde;
e) wenn, falls der Beschuldigte auf freiem Fuß bleibt, wegen der Art des begangenen Verbrechens die öffentliche Ruhe gestört werden würde.

(2) Vorläufige Festnahme ist ausschließlich wegen eines Verbrechens statthaft, das vom Gesetz mit einer Freiheitsstrafe bedroht ist.

(3) Ist das Strafverfahren nur auf Antrag statthaft, so kann vor der Antragstellung keine vorläufige Festnahme angeordnet werden[33].

§ 121

(1) Über die Anordnung, Aufrechthaltung und Aufhebung der vorläufigen Festnahme entscheidet während der Ermittlungen der Staatsanwalt oder mit der Bestätigung des Staatsanwalts die Ermittlungsbehörde, nach der Einreichung der Anklageschrift aber das Gericht.

(2) Ordnet das Gericht in der vorbereitenden Sitzung die Zurücksendung der Sache zwecks Ergänzung der Ermittlungen an, so entscheidet der Staatsanwalt in der Frage der vorläufigen Festnahme.

(3) Die vorläufige Festnahme bzw. deren Aufrechthaltung ist in einem schriftlichen Beschluß anzuordnen. Dieser hat die Bezeichnung der Person des Beschuldigten und das dem Verfahren zugrunde liegende Verbrechen sowie auch den Grund der vorläufigen Festnahme (Aufrechthaltung) zu enthalten.

(4) Von der vorläufigen Festnahme einer bei einem staatlichen Organ (§ 114 StGB), bei einer gesellschaftlichen Organisation oder bei einer Genossenschaft angestellten Person bzw. eines Mitglieds der Genossenschaft ist der Leiter des staatlichen Organs, bzw. der Vorstand der gesellschaftlichen Organisation (Genossenschaft) unverzüglich zu

---

[33] Vorläufige Festnahme von Jugendlichen: § 328.

benachrichtigen. Von der vorläufigen Festnahme ist auch der von dem Beschuldigten bestimmte Angehörige unverzüglich schriftlich zu benachrichtigen.

§ 122

(1) Hat der vorläufig Festgenommene minderjährige Kinder, die ohne Aufsicht bleiben, so sind sie — nach Anhörung der vorläufig festgenommenen Person — Angehörigen bzw. einer hierzu geeigneten anderen Person oder einer Anstalt in Pflege zu geben.

(2) Hat der vorläufig Festgenommene Vermögen oder eine Wohnung, die ohne Aufsicht bleiben, so ist für deren Sicherung Sorge zu tragen.

(3) Über die auf Grund der Absätze (1) und (2) getroffenen Maßnahmen ist die vorläufig festgenommene Person — von der auf Grund des Abs. (1) getroffenen Maßnahme auch die Vormundschaftsbehörde zu benachrichtigen[34].

§ 123

(1) Die vom Staatsanwalt angeordnete oder bestätigte vorläufige Festnahme dauert bis zur vorbereitenden Sitzung, höchstens jedoch einen Monat. Ist die Sache besonders verwickelt, so kann der Komitats-(Hauptstadt-)Staatsanwalt die vorläufige Festnahme für zwei weitere Monate verlängern.

(2) Die vorläufige Festnahme kann nach Ablauf von drei Monaten nur vom Obersten Staatsanwalt aufrechterhalten werden.

§ 124

(1) Ist der Beschuldigte im Zeitpunkt der Einreichung der Anklageschrift vorläufig festgenommen, so hat das Gericht über die Frage der Aufrechterhaltung oder Aufhebung der vorläufigen Festnahme binnen fünfzehn Tagen in vorbereitender Sitzung zu entscheiden.

(2) Die vom Gericht vor der erstinstanzlichen Entscheidung in der Sache selbst angeordnete oder auf der Grundlage des Abs. (1) aufrechterhaltene vorläufige Festnahme kann bis zur Verkündung der erstinstanzlichen Entscheidung in der Sache selbst, falls aber der Staatsanwalt, der Beschuldigte oder der Verteidiger sich zur Einlegung der Berufung eine Frist von drei Tagen vorbehalten hat, bis zur Einlegung der Berufung dauern.

§ 125

(1) Die von der Ermittlungsbehörde angeordnete vorläufige Festnahme wird, solange der Beschuldigte nicht dem Staatsanwalt übergeben worden ist, von der die Festnahme anordnenden Ermittlungsbehörde vollstreckt; im übrigen ist die Vollstreckung der vorläufigen Festnahme Aufgabe des Staatsanwalts.

---

[34] Dauer der Ermittlungen: § 113 Abs. (1)—(3).

(2) Der vorläufig festgenommene Beschuldigte ist möglichst von anderen abgesondert zu halten. Ist dafür keine Möglichkeit vorhanden, so ist dafür Sorge zu tragen, daß die Verüber desselben Verbrechens getrennt gehalten werden.

(3) Die Korrespondenz der vorläufig festgenommenen Beschuldigten wie überhaupt der Verkehr mit anderen Personen steht unter Kontrolle. Mit seinem Verteidiger kann der vorläufig festgenommene Beschuldigte ohne Kontrolle verkehren; ist aber zu befürchten, daß diese Art des Verkehrs den Erfolg des Verfahrens vereiteln kann, so ist auch der Verkehr mit dem Verteidiger entsprechend zu kontrollieren.

§ 126

(1) Die Behörde hat darauf zu achten, daß die vorläufige Festnahme von möglichst kürzester Dauer sei; dies ist auch durch die unverzügliche Vornahme der Ermittlungen zu fördern.

(2) Die Festnahme ist im Falle der Einstellung der Ermittlungen unverzüglich aufzuheben, so auch dann, wenn der Grund zur vorläufigen Festnahme nicht mehr besteht oder ihre Höchstdauer abgelaufen ist.

(3) Wird die vorläufige Festnahme vom Gericht aufgehoben, so ist der Staatsanwalt hiervon unverzüglich zu benachrichtigen[35].

Verbot, den Wohnsitz zu verlassen

§ 127

Die zur Anordnung der vorläufigen Festnahme befugte Behörde kann, falls es begründet ist, statt der Anordnung der vorläufigen Festnahme dem auf freiem Fuß befindlichen Beschuldigten untersagen, seinen Wohnsitz ohne Erlaubnis zu verlassen. Hierüber erläßt die Behörde einen begründeten Beschluß, dessen Kenntnisnahme der Beschuldigte mit seiner Unterschrift bestätigt. Falls dieses Verbot verletzt wird, kann der Beschuldigte vorläufig festgenommen werden; darüber ist er gleichzeitig mit dem Verbot zu unterrichten.

Sicherungsmaßnahmen gegen Personen, die an Geisteskrankheit, Schwachsinn oder Bewußtseinsstörung leiden

§ 128

(1) Der Staatsanwalt kann verfügen, daß der Beschuldigte, der voraussichtlich in Zwangsheilbehandlung zu nehmen ist (StGB § 61), verwahrt werden soll und kann ihn zur vorläufigen Zwangsheilbehandlung in ein hierzu bestimmtes Institut einweisen.

(2) Ist der Beschuldigte vorläufig festgenommen und kann eine Zwangsheilbehandlung angeordnet werden, so hebt der Staatsanwalt

---

[35] Einstellung der Ermittlungen: § 160.

die vorläufige Festnahme auf und ordnet, ohne den Beschuldigten auf freien Fuß zu setzen, seine vorläufige Zwangsheilbehandlung an.

(3) Hebt der Staatsanwalt die vorläufige Festnahme des Beschuldigten wegen einer Geisteskrankheit auf, die nach der Begehung des Verbrechens ausgebrochen ist, so ist, ohne den Beschuldigten auf freien Fuß zu setzen, seine Unterbringung in einer Irrenanstalt oder in häuslicher Pflege zu verfügen.

(4) Die für die Dauer und die Vollstreckung der vorläufigen Festnahme geltenden Vorschriften sind auch hinsichtlich der vorläufigen Zwangsheilbehandlung entsprechend anzuwenden[36].

Verfahren gegen einen abwesenden Beschuldigten

§ 129

(1) Ermittlungshandlungen sind nicht deswegen ausgeschlossen, weil der Beschuldigte sich an einem unbekannten Ort aufhält. In diesem Fall sind Maßnahmen zur Ermittlung des Wohnorts des Beschuldigten zu ergreifen. Ist das Verfahren aber wegen eines Verbrechens eingeleitet, das vom Gesetz mit einer schwereren Strafe als einem Jahr Freiheitsentzug bedroht ist, so kann gegen den Beschuldigten ein Haftbefehl erlassen werden.

(2) Zur Anordnung der Wohnortsermittlung ist jede Ermittlungsbehörde, zum Erlaß des Haftbefehls der Staatsanwalt, bis zur Übergabe der Ermittlungsakten an den Staatsanwalt bzw. an das Gericht aber mit Genehmigung des Staatsanwalts auch eine Ermittlungsbehörde befugt.

(3) Die Wohnortsermittlung wird nach der Einreichung der Anklageschrift durch den Vorsitzenden des Senats angeordnet, zum Erlaß des Haftbefehls ist hingegen das Gericht befugt.

(4) Die Behörden und die Amtspersonen sind verpflichtet, falls sie vom Aufenthaltsort eines Beschuldigten, gegen den Wohnortsermittlung angeordnet ist, Kenntnis erlangen, die Behörde, die die Ermittlung des Wohnorts angeordnet hat, vom Aufenthaltsort des Beschuldigten zu verständigen.

(5) Der Beschuldigte, gegen den ein Haftbefehl erlassen worden ist, ist im Falle seiner Auffindung in Haft zu nehmen und unverzüglich bei der den Haftbefehl erlassenden bzw. bei der im Haftbefehl bezeichneten Behörde vorzuführen.

(6) Die Aufenthaltsermittlungsverfügung bzw. der Haftbefehl sind zurückzunehmen, sobald der Grund für ihre Anordnung bzw. ihren Erlaß nicht mehr besteht oder die Strafbarkeit des Verübers ausgeschlossen ist. Über die Zurücknahme verfügt die Behörde, die die Wohnortsermittlung angeordnet bzw. den Haftbefehl erlassen hat.

---

[36] Verbindliche Bestellung des Verteidigers in solchen Fällen: § 38 Abs. (3).

Aussetzung der Ermittlungen

§ 130

(1) Sind die Maßnahmen zur Inhaftierung des Beschuldigten bzw. zur Ermittlung seines Aufenthaltsortes erfolglos geblieben, so ist das Verfahren unter Sicherung der Beweise auszusetzen bis neue Beweise gefunden werden bzw. bis der Beschuldigte gestellt werden kann. Diese Vorschrift steht dem Verfahren der Einziehung nicht entgegen; die Einleitung des letzteren Verfahrens hat aber, sofern ein solches stattfinden kann, gleichzeitig mit der Aussetzung zu erfolgen.

(2) Die Ermittlungen sind auch in den in § 178 Abs. (1) bezeichneten Fällen auszusetzen, die Vorschriften des § 178 Abs. (2)—(4) sind in diesem Fall entsprechend anzuwenden.

(3) Die Wirkung der Aussetzung wird durch die Vornahme einer neuen Ermittlungshandlung aufgehoben, und die Frist der Ermittlungen beginnt von neuem.

§ 131

Der Fortsetzung der Ermittlungen und der Beweissicherung steht auch nicht im Wege, daß der Beschuldigte sich im Ausland befindet. Kann die Auslieferung erfolgen, so wendet sich der Staatsanwalt an das Gericht, damit die für den Haftbefehl und die Auslieferung nötigen Verfügungen ergehen können.

§ 132

(1) Über die Aussetzung der Ermittlungen entscheidet die Ermittlungsbehörde, die in der Sache die Ermittlungen vornimmt. Ist jedoch in der Sache nicht der Staatsanwalt vorgegangen und bedroht das Gesetz die Handlung mit einer schwereren Strafe als einem Jahr Freiheitsentzug, so ist für die Aussetzung der Ermittlungen die Genehmigung des Staatsanwaltes erforderlich.

(2) Über die Aussetzung der Ermittlungen ist eine begründete Entscheidung zu fällen; die Entscheidung ist in den in § 178 Abs. (1) a) und c) bezeichneten Fällen den Beschuldigten und in jedem Fall auch den Verletzten zuzustellen.

Vernehmung von Zeugen

§ 133

(1) Die in § 115 Abs. (1) und (2) sowie in § 116 enthaltenen Vorschriften sind auch bei der Vernehmung von Zeugen entsprechend anzuwenden.

(2) Bei der Vernehmung von Minderjährigen und Kindern als Zeugen können — nach Ermessen der Behörde — auch die Betreuer des Zeugen (Eltern, gesetzlicher Vertreter usw.) und der Erzieher zugegen sein.

(3) Vor Beginn des Verhörs ist der Zeuge auf die Folgen der falschen Zeugenaussage aufmerksam zu machen.

(4) Zu Beginn des Verhörs ist der Zeuge über seinen Namen, seinen Geburtsort und seine Geburtszeit, den Namen seiner Mutter, seinen Wohnort, seine Beschäftigung, ferner darüber zu befragen, in welchem Interessenverhältnis er zu dem Beschuldigten bzw. Verletzten steht, ob er als Folge des Verbrechens einen Schaden erlitten hat und ob er deshalb oder aus einem anderen Grund befangen ist. Zur Beantwortung dieser Fragen ist der Zeuge auch dann verpflichtet, wenn er im übrigen zur Verweigerung des Zeugnisses berechtigt ist.

§ 134

(1) Sodann ist der Zeuge ausführlich zu verhören; es ist auch darüber Klarheit zu schaffen, auf welche Weise er von seinen Angaben Kenntnis erlangt hat.

(2) Steht die Aussage des Zeugen mit derjenigen des Beschuldigten in Widerspruch, oder ist ein solcher unter den Aussagen der verschiedenen Zeugen vorhanden, so ist nötigenfalls der Versuch zu machen, den Widerspruch durch Gegenüberstellung zu klären.

(3) Die Vorschriften des § 119 sind auch bei der Vernehmung des Zeugen entsprechend anzuwenden.

Vernehmung des Sachverständigen

§ 135

(1) Vor Beginn der Vernehmung des geladenen Sachverständigen ist seine Personenidentität sowie sein Verhältnis zu dem Beschuldigten und zu dem Verletzten festzustellen und zu klären, ob mit Rücksicht hierauf oder sonst für ihn kein Ausschließungsgrund besteht; der nicht ständige Sachverständige ist auch auf die Folgen des falschen Gutachtens aufmerksam zu machen.

(2) Hiernach wird der Sachverständige von der Behörde mit den Fragen, über die er ein Gutachten abzugeben hat, bekanntgemacht.

(3) Bezüglich einzelner an den Sachverständigen zu richtenden Fragen kann auch der Beschuldigte Anträge stellen.

§ 136

(1) Dem Sachverständigen sind alle Angaben zu machen, die er zur Erfüllung seiner Aufgabe benötigt. Zu diesem Zweck ist er befugt, in die Akten Einsicht zu nehmen, bei den Verhören zugegen zu sein, an den Beschuldigten, den Zeugen und die übrigen Sachverständigen unmittelbar Fragen zu richten, auch eine weitere Beweisaufnahme zu beantragen, sofern dies zur Erfüllung seiner Aufgabe nötig ist.

(2) Die Behörde kann anordnen, daß der Sachverständige die zur Abgabe des Gutachtens notwendige Untersuchung in Abwesenheit der Behörde vornimmt.

(3) Hat der Sachverständige einen Gegenstand oder Stoff zu untersuchen, der infolge der Untersuchung einer Veränderung oder dem

Untergang ausgesetzt ist, so ist — soweit dies möglich ist — ein Teil davon in seiner ursprünglichen Form zu erhalten.

§ 137

Der Beschuldigte und der Verletzte sind verpflichtet sich einer Untersuchung des Sachverständigen zu unterwerfen und sind verpflichtet zu dulden, daß der ärztliche oder ein anderer Sachverständiger die zu seinem Gutachten notwendige, die körperliche Unverletztheit und die Gesundheit nicht gefährdende Handlung vornimmt.

§ 138

(1) Ist nach der Ansicht des Sachverständigen eine längere Beobachtung des Geisteszustandes notwendig, so kann der Beschuldigte in eine Irrenanstalt eingewiesen werden. Über die Einweisung verfügt bis zur Einreichung der Anklageschrift der Staatsanwalt, nach der Einreichung der Anklageschrift hingegen das Gericht. Die Einweisung kann im Falle der vorläufigen Festnahme bis zur Aufhebung der vorläufigen Festnahme dauern, befindet sich hingegen der Beschuldigte auf freiem Fuß, so kann die Zeitdauer der Einweisung zwei Monate nicht überschreiten.

(2) Gegen den Einweisungsbeschluß eines vorläufig festgenommenen Beschuldigten ist kein Rechtsmittel statthaft. Die Beschwerde des auf freiem Fuß befindlichen Beschuldigten gegen die Einweisung hat aufschiebende Wirkung.

§ 139

(1) Der Sachverständige trägt seine Feststellungen (den Befund) und sein Gutachten nach der Beobachtung bzw. der Untersuchung mündlich vor oder unterbreitet sie schriftlich innerhalb der von der Behörde festgesetzten Frist.

(2) Sind es mehrere Sachverständige, so können sie sich vor der Begutachtung miteinander beraten; stimmen die Gutachten überein, so können sie das Gutachten auch gemeinschaftlich erstatten.

(3) An den Sachverständigen können bezüglich des Gutachtens nach dessen Abgabe Fragen gestellt werden.

(4) Ist der Befund oder das Gutachten unklar, mangelhaft oder hat es den Anschein, daß es mit sich selbst, mit dem Befund eines anderen Sachverständigen oder mit bewiesenen Tatsachen im Widerspruch steht, oder können bezüglich der Richtigkeit sonstige triftige Zweifel aufkommen, so hat der Sachverständige die Pflicht, nach Aufforderung durch die Behörde den nötigen Aufschluß zu erteilen; hat dies aber keinen Erfolg, so ist ein anderer Sachverständiger zur Begutachtung aufzufordern.

(5) In fachlichen Fragen, für deren Überprüfung der Justizminister nach § 68 Abs. (2) eine entsprechende Fachkörperschaft, eine Behörde oder ein entsprechendes Organ bezeichnet hat, ist statt der Einholung

des Gutachtens eines anderen Sachverständigen die Überprüfung des Gutachtens anzuordnen.

§ 140

(1) Die das Verfahren führende Behörde kann neben dem Sachverständigen auf Antrag des Beschuldigten die Vernehmung auch eines anderen Sachverständigen (§ 66 Abs. 3) anordnen. In einer Frage, in der die Überprüfung des Gutachtens stattfinden kann, ist der vom Beschuldigten bezeichnete Sachverständige nach Möglichkeit vor der Prüfung [§ 139 Abs. (5)] zu vernehmen.

(2) Ist über die Frage der Zwangsheilbehandlung zu entscheiden, so ist auf Antrag des Beschuldigten sowie dessen gesetzlichen Vertreters oder Ehegatten auch die Mitteilung eines anderen Sachverständigen zu erlauben.

(3) Der auf Antrag des Beschuldigten bestellte Sachverständige kann bei dem Augenschein zugegen sein, er kann bezüglich des Umfangs und der Art der Durchführung desselben Anträge stellen, seine Bemerkungen über den Augenschein, den Befund und das Gutachten zu Protokoll nehmen lassen oder schriftlich einreichen.

Augenschein

§ 141

(1) Die beim Augenschein beobachteten Tatsachen sind im Protokoll genau festzustellen. Beim Augenschein sind auch die Beweisgegenstände aufzuspüren und zusammenzutragen. Vom Gegenstand des Augenschein ist nach Möglichkeit und Notwendigkeit ein Lichtbild, eine Zeichnung oder eine Skizze zu verfertigen und dem Protokoll beizulegen.

(2) Der Augenschein ist in Gegenwart von zwei behördlichen Zeugen einzunehmen; besteht jedoch der Augenschein ausschließlich in einer Untersuchung durch Sachverständige, so bedarf es der Zuziehung behördlicher Zeugen nicht.

§ 142

(1) Jedermann ist verpflichtet, den in seinem Besitze befindlichen Gegenstand auf Aufforderung zum Zwecke des Augenscheins zur Verfügung zu stellen. Die Verletzung dieser Pflicht zieht dieselben Folgen nach sich, wie die Verweigerung des Zeugnisses.

(2) Ist der Gegenstand des Augenscheins überhaupt nicht oder nur mit erheblichen Schwierigkeiten oder mit erheblichem Kostenaufwand zu der Behörde zu schaffen, so ist der Augenschein an Ort und Stelle vorzunehmen.

Ermittlungsversuch

§ 143

(1) Die Ermittlungsbehörde kann zur Prüfung und genaueren Feststellung der Angaben, die zur Entscheidung der Sache notwendig

sind, einen Ermittlungsversuch vornehmen. In dessen Laufe nimmt die Ermittlungsbehörde nötigenfalls Messungen vor und verfertigt ferner Lichtbilder, Situationspläne, Skizzen usw.

(2) Der Ermittlungsversuch ist in Gegenwart von zwei behördlichen Zeugen durchzuführen; nach Notwendigkeit kann daran auch der Beschuldigte, der Verletzte und der Zeuge teilnehmen, und auch Sachverständige können zugezogen werden.

(3) Über den Ermittlungsversuch ist ein ausführliches Protokoll aufzunehmen.

Beschlagnahme

§ 144

(1) Gegenstände, die in der Sache als Beweisgegenstände verwendet werden können, sowie solche, die nach dem Gesetz der Einziehung unterliegen, sind zu beschlagnahmen.

(2) Auch außer dem Fall des Abs. (1) sind die während des Verfahrens aufgefundenen Gegenstände zu beschlagnahmen, die Beweise für ein anderes Verbrechen sind oder deren Besitz einer Rechtsnorm widerspricht.

(3) Die Beschlagnahme ist nicht dadurch ausgeschlossen, daß der Gegenstand im Besitz eines staatlichen Organs, einer gesellschaftlichen Organisation oder einer Genossenschaft ist. Doch können derartige Gegenstände, sofern sie bei der Tätigkeit des staatlichen Organs, der gesellschaftlichen Organisation oder der Genossenschaft benötigt werden, auch im Falle ihrer Beschlagnahme in deren Verwahrung gelassen werden.

(4) Die Beschlagnahme erfolgt während der Ermittlungen durch Verfügung der Behörde, die das Verfahren führt. Briefe und Depeschen können — solange sie dem Adressaten nicht zugestellt worden sind — nur auf Grund eines schriftlichen Beschlusses des Staatsanwalts beschlagnahmt werden. Bis zur Ausfertigung der Entscheidung kann nur ihre Zurückhaltung angeordnet werden.

§ 145

(1) Der beschlagnahmte Gegenstand wird von der Behörde als Strafverfahrensdepositum hinterlegt. Ist der Gegenstand hierzu nicht geeignet oder ist ein anderer wichtiger Grund für die Belassung an Ort und Stelle vorhanden, so ist für die Aufbewahrung in einer anderen Weise zu sorgen.

(2) Die beschlagnahmten Gegenstände sind im Protokoll oder in einem diesem angeschlossenen besonderen Verzeichnis genau zu verzeichnen, wobei die Beschlagnahme dem Besitzer des Gegenstandes schriftlich zu bestätigen ist.

§ 146

(1) Gegenstände, die einem raschen Verderb ausgesetzt sind, sowie solche, deren Verwaltung mit einem erheblichen Kostenaufwand ver-

bunden ist, können im Falle ihrer Beschlagnahme auf der Stelle verwertet werden.

(2) Die Vorschriften über die Verwertung werden vom Justizminister, vom Innenminister und vom Obersten Staatsanwalt gemeinsam festgesetzt, und sie können zugleich den Kreis jener Gegenstände bestimmen, die im Falle ihrer Beschlagnahme, auch wenn sie nicht dem Abs. (1) unterliegen, auf der Stelle zu verwerten sind.

(3) Sind im Sinne der vorstehenden Vorschriften Gegenstände verwertet worden, so ist deren Wert in Geld als Strafverfahrensdepositum zu hinterlegen; im Falle der Aufhebung der Beschlagnahme kann der Berechtigte auf den Gegenwert einen Anspruch haben.

§ 147

(1) Der Besitzer kann, wenn er den zu beschlagnahmenden Gegenstand auch nach Aufforderung nicht herausgibt, mit einer Geldbuße bis zu 1000 Forint belegt werden. § 70 Abs. (3) ist auch hier anzuwenden.

(2) Gegen den Beschuldigten ist auf Grund der vorstehenden Bestimmung keine Geldbuße statthaft. Dasselbe gilt auch für einen anderen Besitzer des Gegenstandes in demselben Umfang, in dem der Besitzer von seiner Aussagepflicht als Zeuge befreit ist. Das Mitglied einer bewaffneten oder polizeilichen Körperschaft ist im Wege über seinen Vorgesetzten zur Herausgabe des Gegenstandes anzuhalten.

(3) Der vom Besitzer nach der Aufforderung nicht herausgegebene Gegenstand kann auch durch Haus- oder Leibesvisitation herbeigeschafft werden.

§ 148

(1) Die Beschlagnahme ist in der Regel in Gegenwart derjenigen Person oder deren Bevollmächtigten vorzunehmen, gegen die die Maßnahme angewandt wird. Ist der Betroffene abwesend und hat er keinen Bevollmächtigten, so bestellt das handelnde Organ zum Schutz seiner Interessen einen Vertreter.

(2) Die Beschlagnahme ist in Gegenwart von zwei behördlichen Zeugen vorzunehmen.

§ 149

(1) Die Beschlagnahme ist — sofern die Sache nicht eingezogen wird — aufzuheben, sobald sie im Interesse des weiteren Verfahrens nicht mehr notwendig ist.

(2) Die Aufhebung der Beschlagnahme ordnet diejenige Behörde an, bei der das Verfahren schwebt.

§ 150

(1) Wird die Beschlagnahme aufgehoben, so ist die Sache demjenigen zurückzuerstatten, bei dem sie beschlagnahmt worden ist. Ist die Sache aber beim Beschuldigten oder bei jemandem beschlagnahmt

worden, der sie vom Beschuldigten übernommen hat, so kann sie dem Beschuldigten bzw. dem Übernehmer nur dann herausgegeben werden, wenn bei der Behörde kein anderer den begründeten Herausgabeanspruch geltend macht oder nach dem Ergebnis des Verfahrens ein solcher Anspruch nicht vorzuliegen scheint. Ist ein solcher Anspruch gegeben, so ist die Sache demjenigen herauszugeben, der sein Eigentum zweifelsfrei — im Notfalle durch die Entscheidung eines Zivilgerichts — nachweist.

(2) Gebührt die beim Beschuldigten beschlagnahmte Sache nach den Angaben des Verfahrens ohne Zweifel einem anderen, dessen Person jedoch nicht festzustellen ist, so verfällt das Eigentum an der Sache dem Staat. Der sich später meldende Anspruchsberechtigte kann während der Verjährungsfrist verlangen, daß ihm die Sache in dem Zustand zurückgegeben wird, in dem sie sich zu diesem Zeitpunkt befindet bzw. daß der durch die Verwertung der Sache erlangte Wert an ihn bezahlt wird.

(3) Ist die beschlagnahmte Sache völlig wertlos und wird sie von niemandem beansprucht, so ist sie nach der Aufhebung der Beschlagnahme zu vernichten.

Hausdurchsuchung

§ 151

Die Durchsuchung eines Hauses, einer Wohnung oder einer anderen Räumlichkeit findet dann statt, wenn Grund zu der Annahme besteht, daß diese Verfügung zur Ergreifung des Verübers des Verbrechens, zur Entdeckung von Spuren derselben oder zur Auffindung eines Beweisgegenstandes führen kann.

§ 152

(1) Zur Anordnung der Hausdurchsuchung ist die schriftliche Entscheidung der ermittelnden Behörde notwendig. Die Entscheidung ist vor Beginn der Hausdurchsuchung der betroffenen Person zuzustellen.

(2) Zur Hausdurchsuchung ist keine schriftliche Entscheidung nötig:

a) wenn Gefahr im Verzug ist;
b) wenn der auf frischer Tat ergriffene, flüchtig gewordene Beschuldigte oder jemand zu ergreifen ist, dessen Festnahme angeordnet ist;
c) wenn die Hausdurchsuchung zur Verhinderung eines Verbrechens notwendig ist.

(3) Die Vorschriften des § 148 sind auch im Falle der Hausdurchsuchung anzuwenden.

Leibesvisitation

§ 153

(1) Bei dem Beschuldigten und bei dem, von dem mit Grund angenommen werden kann, daß er einen zum Beweis erforderlichen

Gegenstand bei sich verborgen hält, kann auf Anordnung der ermittelnden Behörde eine Leibesvisitation vorgenommen werden.

(2) Vor der Durchsuchung ist die betroffene Person zur Herausgabe des gesuchten Gegenstandes aufzufordern.

(3) Die Leibesdurchsuchung ist in Gegenwart zweier behördlicher Zeugen zu vollziehen.

Verfahren bei der Beschlagnahme und bei der Haus- und Leibesdurchsuchung

§ 154

(1) Die Beschlagnahme sowie die Haus- und Leibesdurchsuchung ist unter möglichster Schonung der betroffenen Personen durchzuführen; dabei ist darauf zu achten, daß durch die Anordnung nicht Tatsachen des Privatlebens aufgedeckt werden, die mit der Sache nicht im Zusammenhang stehen. Die Durchführung hat nach Möglichkeit bei Tag zu erfolgen.

(2) Bei der Vornahme der genannten Verfahrenshandlungen ist nach Möglichkeit jede Anordnung zu vermeiden, durch die die betroffene Person Schaden erleiden könnte.

(3) Im Protokoll über die Beschlagnahme, die Hausdurchsuchung und Leibesdurchsuchung ist anzugeben, ob der zum Beweis erforderliche Gegenstand freiwillig übergeben wurde oder während der Durchführung der Ermittlungshandlungen zum Vorschein gekommen ist; es ist ferner auch anzugeben, wo und unter welchen Umständen der zum Beweis erforderliche Gegenstand gefunden wurde.

(4) Die Vornahme der Leibesdurchsuchung kann nur durch eine Person desselben Geschlechts wie die durchsuchte erfolgen; nur eine solche kann auch sonst zugegen sein.

(5) Bei strafbaren Handlungen, die auf Antrag zu verfolgen sind, ist vor Antragsstellung keine Beschlagnahme oder Haus- bzw. Leibesdurchsuchung statthaft.

Beschlagnahme zur Sicherung der Urteilsvollstreckung (Sequestrierung)

§ 155

(1) Schwebt das Verfahren wegen eines Verbrechens und erlaubt das Gesetz im Zusammenhang damit die Vermögenseinziehung oder wird gegen den Beschuldigten ein zivilrechtlicher Anspruch geltend gemacht und ist begründeterweise zu befürchten, daß der Beschuldigte oder eine andere Person die Vollstreckung der Vermögenseinziehung bzw. die Befriedigung des zivilrechtlichen Anspruchs vereitelt, indem das Vermögen oder einzelne Vermögensgegenstände des Beschuldigten entfremdet oder verborgen werden, so wird das bewegliche und unbewegliche Gut des Beschuldigten oder ein Teil desselben bis zur Einreichung der Anklageschrift auf Anordnung des Staats-

anwaltes, nach der Einreichung der Anklageschrift auf Anordnung des Gerichts, mit Beschlag belegt.

(2) Die Sequestrierung ist von Amts wegen anzuordnen, wenn sie mit Rücksicht auf die mögliche Vermögenseinziehung oder deshalb angeordnet wird, weil der Staatsanwalt den dem Verletzten zustehenden zivilrechtlichen Anspruch geltend macht; die Sequestrierung zur Sicherstellung des von der Privatpartei erhobenen zivilrechtlichen Anspruchs erfolgt auf Antrag der Privatpartei.

(3) Wenn die Ermittlungen nicht durch die Staatsanwaltschaft vorgenommen werden, kann die Sequestrierung in einem dringenden Notfall unter den vorgenannten Bedingungen auch von der ermittelnden Behörde angeordnet werden.

§ 156

(1) Die Sequestrierung ist auch von Amts wegen aufzuheben, sobald der Grund für ihre Anordnung weggefallen ist.

(2) Auch wenn der zivilrechtliche Anspruch ganz oder teilweise durch Urteil zugesprochen wird, ist die Sequestrierung dann aufzuheben, wenn die Privatpartei binnen dreißig Tagen, nachdem das Urteil über den zivilrechtlichen Anspruch ergangen ist, keine Vollstreckung verlangt hat.

(3) Die Sequestrierung ist auch dann aufzuheben, wenn das Verfahren ohne Anordnung der Vermögenseinziehung rechtskräftig beendet wird bzw. der von der Privatpartei oder vom Staatsanwalt erhobene zivilrechtliche Anspruch rechtskräftig abgewiesen worden ist.

(4) Hat das Gericht die Geltendmachung des zivilrechtlichen Anspruchs auf einen anderen gerichtlichen Weg verwiesen [§ 179 Abs. (3) bzw. § 229 (3)], so ist die Sequestrierung dann aufzuheben, wenn der Staatsanwalt, der den zivilrechtlichen Anspruch geltend macht oder die Privatpartei binnen der vom Gericht gestellten Frist die Geltendmachung des Anspruchs nicht nachweist.

(5) Über die Aufhebung der Sequestrierung entscheidet während der Ermittlungen der Staatsanwalt; wird sie notwendig, so übersendet die ermittelnde Behörde die Akten unverzüglich dem Staatsanwalt zur Beschlußfassung.

(6) Nach der Einreichung der Anklageschrift entscheidet das Gericht über die Aufhebung der Sequestrierung.

§ 157

Die eingehenden Vorschriften über die Anordnung, die Vollstreckung, die Wirkungen und die Aufhebung der Sequestrierung werden — im Einvernehmen mit dem Finanzminister — vom Justizminister, vom Innenminister und vom Obersten Staatsanwalt gemeinsam erlassen.

Teilnahme der Beteiligten an den Ermittlungshandlungen

§ 158

(1) Während der Ermittlungen ist — soweit es den Erfolg des Verfahrens nicht beeinträchtigt — dem Beschuldigten, dem Verteidiger und dem Verletzten die Anwesenheit bei der Vernehmung des Sachverständigen, beim Augenschein, bei der Beschlagnahme und bei der Hausdurchsuchung zu gestatten. In diesem Fall sind — sofern die Ermittlungshandlung nicht unverzüglich vorzunehmen ist — die Genannten über den Zeitpunkt des Termins mit dem Vermerk zu benachrichtigen, daß das Verfahren auch bei ihrem Ausbleiben durchgeführt wird.

(2) Diejenigen, die nach der vorstehenden Bestimmung bei der Ermittlungshandlung zugegen sind, können sich zu dem Verfahren äußern, hinsichtlich der Durchführung des Verfahrens Anträge stellen und an den Sachverständigen mit Zustimmung der Behörde Fragen richten.

Behördliche Zeugen

§ 159

(1) Alle nicht vom Verfahren betroffenen Personen können behördliche Zeugen sein.

(2) Der behördliche Zeuge beweist die Durchführung und das Ergebnis der Ermittlungshandlung, bei deren Vornahme er zugegen war; er kann sich zu den vorgenommenen Handlungen äußern, seine Äußerungen sind dem über die Handlungen aufgenommenen Protokoll beizufügen.

(3) Der behördliche Zeuge ist vor der Durchführung der Handlung hinsichtlich seiner Rechten und Pflichten aufzuklären.

Einstellung der Ermittlungen

§ 160

(1) Die Ermittlungen sind einzustellen, wenn

a) die Handlung, wegen der die Ermittlung eingeleitet wurde, kein Verbrechen ist;
b) das Verbrechen nicht von der als Beschuldigter zur Verantwortung gezogenen Person begangen wurde;
c) nach dem Gesetz ein die Strafbarkeit ausschließender oder ein dieselbe aufhebender Grund vorliegt;
d) das Verbrechen bereits rechtskräftig abgeurteilt wurde;
e) die Begehung des Verbrechens oder die Person des Verübers im Verlauf der Nachforschung nicht zu ermitteln war und auch von dem weiteren Verfahren kein Erfolg zu erwarten ist;
f) der Beschuldigte verwarnt wurde (§ 60 StGB).

(2) Liegt eine Vorschriftsverletzung vor, so sind die Akten der Vorschriftsverletzungsbehörde zu überweisen.

(3) Die Ermittlungen können nicht eingestellt werden, wenn nach dem Gesetz die Zwangsheilbehandlung[37] angeordnet werden kann.

§ 161

Die Ermittlungen sind einzustellen und die Akten dem zuständigen Gesellschaftsgericht oder der Disziplinarbehörde zu überweisen, wenn in der Sache ein gesellschaftliches Gerichtsverfahren begründet ist oder auch die disziplinarische Erledigung des Falles genügt und die Rechtsnorm das Absehen von einem Strafverfahren gestattet.

§ 162

(1) Über die Einstellung der Ermittlungen beschließt die Ermittlungsbehörde, die in der Sache das Verfahren geführt hat. Wurde das Verfahren nicht vom Staatsanwalt geführt und bedroht das Gesetz das Verbrechen mit einer Freiheitsstrafe von mehr als einem Jahr, so ist zur Einstellung des Verfahrens die Zustimmung des Staatsanwalts erforderlich. In den in § 161 bezeichneten Fällen beschließt der Staatsanwalt über die Einstellung der Ermittlungen.

(2) In der Entscheidung über die Einstellung der Ermittlungen sind das Wesentliche der Sache, der Grund der Einstellung und die sonstigen, infolge der Einstellung notwendig gewordenen Maßnahmen anzugeben.

(3) Von der Einstellung der Ermittlungen ist durch Zustellung der begründeten Entscheidung der Beschuldigte, der Verletzte sowie derjenige zu benachrichtigen, der die Anzeige erstattet oder den Strafantrag gestellt bzw. einen zivilrechtlichen Anspruch erhoben hat.

(4) Die Einstellung der Ermittlungen schließt nicht aus, daß die Behörde in derselben Sache nachträglich Ermittlungen vornimmt.

Bekanntgabe der Ergebnisse der Ermittlungen an den Beschuldigten

§ 163

(1) Hat die Ermittlungsbehörde den Sachverhalt klargelegt und die zur Feststellung der Schuld des Beschuldigten notwendigen Tatsachen erbracht, so gibt sie dem Beschuldigten die Ergebnisse der Ermittlungen bekannt und macht ihn darauf aufmerksam, daß er dazu Stellung nehmen und die Ergänzung der Ermittlungen beantragen kann.

(2) Der Verteidiger kann zugegen sein, wenn die Ergebnisse der Ermittlungen dem Beschuldigten bekanntgegeben werden, er kann das Ermittlungsmaterial einsehen, Einwendungen vorbringen und die Ergänzung der Ermittlungen beantragen.

(3) Die dem Beschuldigten gewährte Einsicht und die Bekanntgabe der Ergebnisse der Ermittlungen, die Einwendungen und die Anträge des Beschuldigten bzw. des Verteidigers sowie die Begründung der Zurückweisung der Anträge auf die Ergänzung der Ermittlungen sind

---

[37] Anordnung der Zwangsheilbehandlung: StGB § 61

zu Protokoll zu nehmen. Verweigert der Beschuldigte die Einsicht in das Ermittlungsmaterial, so ist dies mit der Bezeichnung des Verweigerungsgrundes im Protokoll anzugeben.

(4) Hält die Ermittlungsbehörde auf Grund der Einwendungen oder der Anträge des Beschuldigten bzw. des Verteidigers die Ergänzung der Ermittlungen für notwendig, so wird dies von ihr unverzüglich vorgenommen, während sie im entgegengesetzten Fall die Anträge hinsichtlich der Ergänzung der Ermittlungen in einer begründeten Entscheidung zurückweist.

Abschluß der Ermittlungen

§ 164

Haben der Beschuldigte und der Verteidiger bei der Bekanntgabe des Ermittlungsmaterials an den Beschuldigten keinen Antrag für die Ergänzung der Ermittlungen gestellt, oder wurden die diesbezüglichen Anträge zurückgewiesen bzw. wurde die Ermittlung auf Grund der Anträge ergänzt, so beschließt die Ermittlungsbehörde den Abschluß der Ermittlungen und teilt dies dem Beschuldigten und dem anwesenden Verteidiger mit.

Übergabe der Ermittlungsakten an den Staatsanwalt

§ 165

(1) Werden die Ermittlungen nicht eingestellt, so sendet die Ermittlungsbehörde die Akten zwecks Anklageerhebung — binnen drei Tagen, gerechnet von der Beschlußfassung über den Abschluß der Ermittlungen — dem zuständigen Staatsanwalt zu.

(2) Der Staatsanwalt ist verpflichtet, die Ermittlungsakten binnen fünfzehn Tagen zu prüfen und entsprechend dem Ergebnis

a) die Anklageschrift einzureichen,
b) die Ergänzung der Ermittlungen anzuordnen oder
c) die Ermittlungen einzustellen (§ 160).

(3) Der Komitats-(Hauptstadt-)Oberstaatsanwalt kann in Ausnahmefällen wegen der außerordentlichen Schwierigkeit der Sache die in Abs. (1) bezeichnete Frist um weitere fünfzehn Tage verlängern.

Rechtsmittel während des Ermittlungsverfahrens

§ 166

(1) Gegen die Entscheidung des Staatsanwalts während des Ermittlungsverfahrens sowie gegen dessen Verfügungen oder gegen die Unterlassung einer Verfügung kann beim oberen Staatsanwalt, gegen die Entscheidung, die Verfügung oder die Unterlassung einer Verfügung einer Ermittlungsbehörde, beim zuständigen Staatsanwalt Beschwerde geführt werden.

(2) Die gegen die Entscheidung bzw. gegen die Verfügung oder die unterlassene Verfügung gerichtete Beschwerde kann bei derjenigen

Ermittlungsbehörde, die die Entscheidung getroffen bzw. die Verfügung vorgenommen oder unterlassen hat, binnen acht Tagen nach Mitteilung bzw. Kenntnisnahme eingelegt werden.

(3) Erledigt die Ermittlungsbehörde die Beschwerde nicht in ihrem eigenen Zuständigkeitsbereich, so ist sie verpflichtet, die Beschwerde binnen vierundzwanzig Stunden mit ihrer Stellungnahme an den nach Abs. (1) zur Entscheidung über die Beschwerde zuständigen Staatsanwalt zu senden. Der Staatsanwalt bzw. der obere Staatsanwalt ist verpflichtet, binnen drei Tagen nach Eingang die Beschwerde zu prüfen.

(4) Von der Entscheidung über die Beschwerde ist der Beschwerdeführer zu benachrichtigen.

Anklageschrift

§ 167

(1) Die Anklageschrift wird vom Staatsanwalt verfaßt und beim Gericht eingereicht.

(2) Im Falle der Privatklage ersetzt die Anzeige die Anklageschrift. Im Falle der Privatklage wird die Anzeige von der Behörde, die die Ermittlungen vornimmt, unmittelbar an das Gericht übersandt.

§ 168

(1) Die Anklageschrift hat zu enthalten:

a) die Personalien des Beschuldigten entsprechend § 117 Abs. (1);

b) die kurze Darstellung des Sachverhalts, mit der Bezeichnung des Begehungsortes, der Begehungszeit, der Begehungsweise, der Motive, der Folgen und sonstiger wesentlicher Umstände des Verbrechens sowie die zur Beurteilung des Verbrechens und der sozialen Gefährlichkeit des Verübers erforderlichen persönlichen bzw. sachlichen Umstände;

c) die Bezeichnung des als Grundlage der Anklage dienenden Verbrechens mit Hinweis auf die entsprechende Bestimmung des Strafgesetzes und, falls das Verbrechen auf Antrag zu verfolgen ist, eine Angabe darüber, daß der Antrag gestellt worden ist;

d) die Bezeichnung der Beweismittel mit der Angabe der Tatsachen, die durch die einzelnen Beweismittel belegt werden;

e) einen entsprechenden Hinweis, wenn der Staatsanwalt der Verhandlung beizuwohnen wünscht;

f) die Aufzählung der Personen, deren Vorladung zur Verhandlung vorgeschlagen wird.

(2) Ist der Beschuldigte im Zeitpunkt der Einreichung der Anklageschrift vorläufig festgenommen, so ist dies in der Anklageschrift zu erwähnen. In der Anklageschrift ist auch die Aufrechterhaltung bzw. wenn notwendig die Anordnung der vorläufigen Festnahme zu be-

antragen. Sind gegen den Beschuldigten andere Sicherungsmaßnahmen angewandt worden, so sind diese zu erwähnen.

(3) Ist die Zwangsheilbehandlung des Beschuldigten erforderlich, so ist in der Anklageschrift ein entsprechender Antrag zu stellen.

(4) Hat der Verletzte einen zivilrechtlichen Anspruch erhoben oder wünscht der Staatsanwalt den zivilrechtlichen Anspruch geltend zu machen, so ist hierauf hinzuweisen und gleichzeitig der entsprechende Sachverhalt vorzutragen.

(5) Die Anklageschrift ist in so viel Exemplaren einzureichen, daß dem Gericht und jedem Beschuldigten je eines zukommt. Der Staatsanwalt legt die Ermittlungsakten dem Gerichtsexemplar bei und übergibt gleichzeitig mit der Anklageschrift dem Gericht die von ihm aufbewahrten Beweisgegenstände.

Unterlassung der Anklageerhebung

§ 169

(1) Besteht hinsichtlich mehrerer Verbrechen begründeter Verdacht gegen den Beschuldigten, so kann der Staatsanwalt die Anklageerhebung wegen Verbrechen geringerer Schwere, die neben den als Grundlage der Anklage dienenden strafbaren Handlungen hinsichtlich der Verantwortung des Beschuldigten belanglos sind, unterlassen. In der Anklageschrift ist darauf hinzuweisen.

(2) Über die Unterlassung der Anklageerhebung ist die Privatpartei zu benachrichtigen.

VIII. Kapitel
VORBEREITUNG DER VERHANDLUNG

Aufgaben des Vorsitzenden des Senats

§ 170

Der Vorsitzende des Senats ist verpflichtet, die Anklageschrift und die Ermittlungsakten binnen acht Tagen, gerechnet vom Eingang der Anklageschrift beim Gericht, darauf zu prüfen, ob eine vorbereitende Sitzung statthaft ist.

§ 171

Ist keine vorbereitende Sitzung abzuhalten, so wird der Termin für die Verhandlung vom Vorsitzenden des Senats innerhalb von den in § 170 bezeichneten acht Tagen anberaumt (§§ 180—181).

Vorbereitende Sitzung

§ 172

(1) Das Gericht prüft die Sache in vorbereitender Sitzung, wenn
a) die Verweisung der Sache statthaft ist;
b) die Ergänzung der Ermittlungen notwendig erscheint;
c) die Aussetzung oder
d) die Einstellung des Verfahrens statthaft ist;

e) eine andere gesetzliche Qualifizierung des Verbrechens als die in der Anklageschrift vorzuliegen scheint;

f) in der Sache die Verhängung einer Geldstrafe ohne Verhandlung statthaft ist;

g) in der Frage der vorläufigen Festnahme, des Verbotes, den Wohnsitz zu verlassen, oder der vorläufigen Zwangsheilbehandlung zu entscheiden ist.

(2) Die vorbereitende Sitzung ist binnen fünfzehn Tagen nach Einreichung der Anklageschrift abzuhalten.

(3) In der vorbereitenden Sitzung verhandelt ein Senat des Gerichts, der mit einem Berufsrichter als Vorsitzenden und zwei Volksbeisitzern besetzt ist.

§ 173

(1) Vom Zeitpunkt der vorbereitenden Sitzung ist der Staatsanwalt zu benachrichtigen. Erscheint die Anordnung der Ergänzung der Ermittlungen notwendig, so kann der Vorsitzende des Senats den Staatsanwalt zur Teilnahme an der vorbereitenden Sitzung verpflichten; in diesem Falle kann die vorbereitende Sitzung in Abwesenheit des Staatsanwaltes nicht abgehalten werden.

(2) Erscheint die persönliche Vernehmung des Beschuldigten erforderlich, so benachrichtigt der Vorsitzende des Senats den Beschuldigten und den Verteidiger vom Zeitpunkt der vorbereitenden Sitzung; der Beschuldigte kann auch geladen werden.

(3) Ist das Erscheinen eines geistig mangelhaft begabten Beschuldigten erforderlich, so ist der Vorsitzende des Senats verpflichtet, auch den gesetzlichen Vertreter des Beschuldigten zu laden.

(4) Die vorbereitende Sitzung kann in Abwesenheit des geladenen Beschuldigten (gesetzlichen Vertreters) nicht abgehalten werden.

(5) An der vorbereitenden Sitzung können außer den Mitgliedern des Senats und dem Protokollführer nur die benachrichtigten bzw. geladenen Personen teilnehmen.

§ 174

(1) Nach Eröffnung der Sitzung erstattet der Vorsitzende des Senats über die Sache einen kurzen Bericht und trägt die in der Sitzung zu entscheidenden Fragen vor.

(2) Der Vorsitzende und die Mitglieder des Senats können an den Staatsanwalt sowie an den Beschuldigten Fragen richten. An den Beschuldigten können auch der Staatsanwalt und der Verteidiger Fragen richten, der Verteidiger hingegen kann einen Antrag hinsichtlich der an den Staatsanwalt zu richtenden Fragen stellen[38].

[38] Über die Aufnahme des Protokolls siehe § 85, etc.

Entscheidungen und Anordnungen auf Grund der vorbereitenden Sitzung

§ 175

Ist das Gericht, bei dem die Anklageschrift eingereicht worden ist, sachlich oder örtlich nicht zuständig, so verweist es die Sache an das zuständige Gericht oder an die zuständige Behörde[39].

§ 176

(1) Neben der Anberaumung der Verhandlung entscheidet das Gericht in der vorbereitenden Sitzung,

a) wie das Verbrechen nach den Ergebnissen der Ermittlungen qualifiziert werden kann;
b) in der Frage der vorläufigen Festnahme, des Verbots, den Wohnsitz zu verlassen oder der Zwangsheilbehandlung;
c) über die Ladung von Zeugen, Verletzten, Sachverständigen und anderen Personen, deren Anwesenheit in der Sitzung erforderlich ist;
d) darüber, ob in der Verhandlung die Teilnahme des Verteidigers oder des Staatsanwalts verbindlich vorgeschrieben ist; ist dies nicht der Fall, hält das Gericht aber die Teilnahme des Verteidigers bzw. des Staatsanwalts für notwendig, so beschließt es die Bestellung eines Verteidigers bzw. die Teilnahme des Staatsanwalts.

(2) Ohne die Anberaumung der Verhandlung

a) sendet das Gericht die Sache zur Ergänzung der Ermittlungen zurück (§ 177);
b) setzt es das Verfahren aus (§ 178);
c) stellt es das Verfahren ein (§ 179);
d) verhängt es eine Geldstrafe ohne Verhandlung (§ 192).

(3) Das Gericht erläßt die in Abs. (1) und (2) bezeichneten Entscheidungen in geschlossener Sitzung.

§ 177

Das Gericht kann die Ergänzung der Ermittlungen anordnen, wenn dies zur Aufklärung der Sache notwendig ist und wenn nicht sicher ist, daß die Angaben in der Verhandlung herbeigeschafft werden können. In diesem Fall sind die Akten dem Staatsanwalt zurückzusenden.

§ 178

(1) Das Gericht setzt das Verfahren aus:

a) wenn die Beurteilung der der Anklage zugrunde liegenden Handlung von der Entscheidung einer Vorfrage abhängt und es notwendig erscheint, die Entscheidung des hierfür zuständigen Gerichts oder die einer anderen Behörde abzuwarten;

---

[39] Vorschriften der sachlichen Zuständigkeit: §§ 46—48, der örtlichen Zuständigkeit: §§ 49—55.

b) wenn im Falle einer die diplomatische oder die sonstige persönliche Immunität von der Gerichtsbarkeit betreffenden Frage die Entscheidung des Justizministers einzuholen ist;

c) wenn die weitere Beobachtung des Geisteszustandes des Beschuldigten durch einen Sachverständigen notwendig ist (§ 138);

d) wenn die Fortsetzung des Verfahrens dadurch gehindert wird, daß der Beschuldigte nach der Begehung des Verbrechens in Geisteskrankheit verfallen ist.

(2) Die Vorfrage entscheidet das Strafgericht in der Regel selbst; es entscheidet daher über die Anwendung des Abs. (1) a) nach eigenem Ermessen. Hängt aber die Anwendung des Strafgesetzes von einer Vorfrage ab, die den Personenstand betrifft, und ist das Urteil des Zivilgerichts darüber für jedermann gültig, so ist das Verfahren bis zum Abschluß des Verfahrens vor dem Zivilgericht stets auszusetzen; ist dieses Verfahren vor dem Zivilgericht noch nicht eingeleitet, so ist der Beteiligte zur Einleitung des Verfahrens innerhalb einer entsprechenden Frist aufzufordern und darauf hinzuweisen, daß im Falle des Nichteinhaltens dieser Frist das Verfahren fortgesetzt wird.

(3) Sobald die Entscheidung über die Vorfrage bzw. über die Frage der diplomatischen oder sonstigen persönlichen Immunität getroffen oder die Beobachtung durch den Sachverständigen beendet ist, ist das Verfahren fortzusetzen. Ist die Aussetzung auf Grund des Abs. (1) a) und c) angeordnet, so ist das Verfahren auch dann fortzusetzen, wenn die Fortdauer der Aussetzung den Erfolg des Verfahrens gefährden würde, oder wenn der Beteiligte das Verfahren während der festgesetzten Frist beim Zivilgericht nicht in Gang gesetzt hat.

(4) Im Falle der Aussetzung des Verfahrens auf Grund des Abs. (1) d) werden die in § 128 Abs. (3) bezeichneten Maßnahmen durch das Gericht angeordnet. Die Aussetzung dauert bis zur Genesung des Beschuldigten bzw. bis zum Eintritt der Verjährung. Ist der Beschuldigte vor dem Eintritt der Verjährung genesen, so ist das Verfahren fortzusetzen.

(5) Das Gericht kann das Strafverfahren wegen Verletzung der Unterhaltspflicht (§ 275 StGB) auf höchstens sechs Monate einmal aussetzen, um dem Beschuldigten zu ermöglichen, die geschuldeten Leistungen zu erbringen, vorausgesetzt, daß in Anbetracht aller Umstände des Falles begründete Möglichkeiten hierzu bestehen. Das Gericht setzt das Strafverfahren, ohne den Ablauf der gesetzten Frist abzuwarten, fort, wenn der Beschuldigte seinen Unterhaltspflichten auch weiterhin nicht nachkommt.

§ 179

(1) Das Gericht stellt das Verfahren ein, wenn

a) die der Anklage zugrunde liegende Handlung kein Verbrechen ist;

b) ein die Strafbarkeit ausschließender oder ein dieselbe aufhebender Grund vorliegt;
c) das Verbrechen bereits rechtskräftig abgeurteilt wurde;
d) wenn auf der Grundlage der in der Anklageschrift enthaltenen Angaben die Begehung eines Verbrechens durch den Beschuldigten nicht feststellbar erscheint und auch die Fortsetzung des Verfahrens keinen Erfolg verspricht;
e) die Anklage nach der Einreichung der Anklageschrift zurückgenommen wurde;
f) es die Sache zwecks Verhandlung dem Gesellschaftsgericht oder
g) zwecks disziplinarischer Erledigung der Disziplinarbehörde überweist;
h) es eine Verwarnung anordnet.

(2) Das Gericht stellt das Verfahren auch wegen Verbrechen geringerer Schwere ein, die neben den als Grundlage der Anklage dienenden schwereren Verbrechen hinsichtlich der Verantwortung des Beschuldigten belanglos sind[40].

(3) Wird das Verfahren eingestellt, so ist der Privatpartei die Weisung zu geben, daß sie ihren zivilrechtlichen Anspruch auf einem anderen Weg durchsetzen soll.

(4) Auf Grund der Geisteskrankheit, des Schwachsinns oder der Bewußtseinsstörung des Beschuldigten ist die Einstellung des Verfahrens nicht statthaft, wenn in der Anklageschrift die Zwangsheilbehandlung (§ 61 StGB) beantragt wird oder wenn nach der Beurteilung des Gerichts die Möglichkeit der Anordnung der Zwangsheilbehandlung besteht.

Sonstige Anordnungen im Zusammenhang mit der Vorbereitung der Verhandlung

§ 180

(1) Der Vorsitzende des Senats lädt zur Verhandlung den Beschuldigten, den Verletzten sowie deren Vertreter, ferner die Zeugen und die Sachverständigen bzw. den Privatkläger; er benachrichtigt den Staatsanwalt, gleichzeitig sorgt er, wenn notwendig, für die Bestellung eines Verteidigers. Vom Verhandlungstermin sind auch die übrigen Betroffenen, für die die Entscheidung Auswirkungen haben kann, zu benachrichtigen.

(2) Die Anklageschrift und im Falle des § 176 Abs. (1) a) der hierüber ergangene Beschluß des Gerichts und die Ladung sind dem Beschuldigten mit dem Vermerk zuzustellen, daß er hierzu bis zum Verhandlungstermin Stellung nehmen kann.

(3) Geht das Gericht nach § 179 Abs. (2) vor, so ist der bezügliche Beschluß dem Beschuldigten mit dem Vermerk zuzustellen, daß er hierzu bis zum Verhandlungstermin Stellung nehmen kann.

---

[40] Vgl. § 169.

(4) Die Ladung ist nach Abs. (2) dem Beschuldigten mindestens acht Tage vor der Verhandlung zuzustellen.

(5) Wenn schon bei der Anberaumung des Verhandlungstermins feststeht, daß der Fall des § 198 Abs. (4) vorliegt, so ist die Ladung zur Verhandlung dem Beschuldigten durch öffentliche Bekanntmachung zuzustellen.

(6) Der Privatkläger und die Privatpartei sind mit Hinweis auf den § 198 Abs. (2) zur Verhandlung zu laden.

§ 181

(1) Die Verhandlung ist mit Rücksicht auf § 180 Abs. (4) auf den nächstmöglichen Tag anzuberaumen. Das Gericht hat die Pflicht, jede Sache binnen dreißig Tagen nach Eingang der Anklageschrift — im Falle einer Privatklage nach Eingang der Anzeige — zu verhandeln.

(2) Als Verhandlungsort ist in der Regel das Amtslokal des Gerichts zu bestimmen; doch kann aus einem schwerwiegenden Grund die Verhandlung an einen anderen Ort (z. B. an den Schauplatz der strafbaren Handlung oder den Arbeitsort des Beschuldigten) und im Notfall an einen außerhalb des Gerichtssitzes gelegenen Ort anberaumt werden.

(3) Die Anberaumung und die Vorbereitung der Verhandlung obliegt dem Vorsitzenden des Senats.

§ 182

Der Vorsitzende des Senats kann die Verhandlung — vor deren Beginn — bei Vorliegen eines schwerwiegenden Grundes aufschieben. Die Verhinderung des Verteidigers ist nur dann ein Grund zur Aufschiebung der Verhandlung, wenn für die Verteidigung des Beschuldigten sonst nicht entsprechend gesorgt werden könnte.

§ 183

(1) Stellt sich heraus, daß die Ladung dem Beschuldigten deshalb nicht zugestellt werden konnte, weil er sich an einem unbekannten Ort aufhält, so setzt der Vorsitzende des Senats unter Aufschiebung der Verhandlung das Verfahren so lange aus, bis der Beschuldigte sich findet. Ist in diesem Fall die Ermittlung des Wohnorts erforderlich, so beschließt hierüber mit der gleichzeitigen Aussetzung des Verfahrens der Vorsitzende des Senats. Über den Erlaß eines Haftbefehls entscheidet gleichzeitig mit der Aussetzung des Verfahrens das Gericht in geschlossener Sitzung.

(2) Ist ein in § 285 oder § 296 bezeichnetes Verfahren statthaft, so sendet der Vorsitzende des Senats die Akten dem Staatsanwalt zurück, damit dieser den Antrag stellen kann.

§ 184

(1) Nach Anberaumung des Verhandlungstermins beschließt der Vorsitzende des Senats über die Ladung der Zeugen und Sachverständigen sowie über die Herbeischaffung anderer Beweise.

(2) Über die in § 175, in § 176 Abs. (1) b), in § 176 Abs. (2) b) und c) bezeichneten Fragen kann das Gericht — sofern dies nach Anberaumung des Verhandlungstermins notwendig ist — vor der Verhandlung in geschlossener Sitzung entscheiden.

Berufung gegen während der Verhandlung ergangene Entscheidungen (Anordnungen)

§ 185

(1) Berufung ist nicht statthaft gegen Entscheidungen in der Frage

a) der Anberaumung der Verhandlung;

b) der Feststellung der Möglichkeit einer von der Anklageschrift abweichender Qualifizierung [§ 176 Abs. (1) a)];

c) der Bestellung eines Verteidigers bzw. der Teilnahme des Staatsanwalts [§ 176 Abs. (1) d)];

d) der Aussetzung des Verfahrens nach § 183 Abs. (1) sowie

e) der Ladung von Personen zur Verhandlung.

(2) Gegen die in den §§ 175, 177, 178, 179 Abs. (1) a)—h) und § 179 Abs. (2) bezeichneten Entscheidungen (Anordnungen) kann nur der Staatsanwalt Berufung einlegen. Diese Beschränkung bezieht sich nicht auf die nach § 178 Abs. (1) a) ergangene Entscheidung, durch die das Verfahren ausgesetzt wird.

(3) Hat das Gericht eine Verwarnung ausgesprochen (§ 179 Abs. (1) h), so kann der Beschuldigte dagegen keine Berufung einlegen, sondern um die Anberaumung der Verhandlung ersuchen. Auf Grund des Ersuchens hält das Gericht eine Verhandlung ab.

Vorbereitung der Verhandlung im Falle der Privatklage

§ 186

Wird die Sache von einem Privatkläger vertreten, so sind die vorhergehenden Anordnungen mit folgenden Abweichungen anzuwenden.

§ 187

(1) Sind im Falle eines Antragsdeliktes keine der in § 175 bzw. in § 176 Abs. (2) a)—c) genannten Verfügungen zu treffen, so lädt der Vorsitzende des Senats den Privatkläger und den Beschuldigten zur persönlichen Anhörung, um die Sache und die notwendigen Beweise eingehend aufzuklären bzw. ihre Aussöhnung zu versuchen. In der Ladung ist der Privatkläger darauf aufmerksam zu machen, daß sein unentschuldigtes Ausbleiben vom Gericht als Zurücknahme der Anklage angesehen wird.

(2) Bleibt der Privatkläger im Anhörungstermin aus und entschuldigt er sich nicht gehörig oder nimmt er während der Anhörung die Anklage zurück, so stellt der Vorsitzende des Senats das Verfahren ein. Das Verfahren ist auch dann einzustellen, wenn die Ladung den Privatkläger deshalb nicht zugestellt werden konnte, weil er versäumt hat, seine Adressenänderung dem Gericht anzumelden.

(3) Das dem Staatsanwalt nach § 185 Abs. (2) zustehende Rechtsmittel steht auch dem Privatkläger zu.

(4) Die nach diesen Paragraphen dem Vorsitzenden des Senats zustehenden Anordnungen können auch durch den Volksbeisitzer und den Gerichtssekretär vorgenommen werden[41].

§ 188

(1) Der Beschuldigte ist ohne Zustellung einer Anklageschrift, jedoch mit kurzem Hinweis auf den Namen des Anzeigers und den Tatbestand des angezeigten Verbrechens zur Verhandlung zu laden.

(2) Der Privatkläger ist in der Ladung darauf aufmerksam zu machen, daß sein Ausbleiben in der Verhandlung die Zurücknahme der Anklage bedeutet. Der zweite Satz des § 187 Abs. (2) ist auch im Falle einer Verhandlung richtunggebend.

§ 189

Das Gericht kann die Ermittlungen bzw. die Ergänzung der Ermittlungen anordnen, wenn dies zur Aufklärung der Sache notwendig ist und wenn nicht sicher ist, daß die Angaben in der Verhandlung herbeigeschaffen werden können. In diesem Falle sind die Akten der zur Vornahme der Ermittlungen zuständigen Ermittlungsbehörde zu übersenden.

§ 190

Wünscht der Staatsanwalt im Falle der bei ihm eingereichten Anzeige die Vertretung der Anklage nicht zu übernehmen, so übersendet er die Akten dem Gericht.

§ 191

Besondere Rechtsnormen können die Vorbereitung (§ 187) von Sachen, deren Verfolgung nur auf Antrag eintritt, in die Zuständigkeit eines anderen staatlichen Organs oder einer gesellschaftlichen Organisation überweisen und die ausführlichen Vorschriften für deren Verfahren bestimmen.

Verhängung einer Geldstrafe ohne Verhandlung

§ 192

(1) Ist das Verbrechen von minderer Bedeutung, ermöglicht das Gesetz die Verhängung einer Geldstrafe, ist der Sachverhalt einfach,

[41] Vgl. Antragsdelikte: § 32.

hat der Beschuldigte die Begehung des Verbrechens gestanden und erscheint dem Gericht der Strafzweck auch ohne die Abhaltung einer Verhandlung erreichbar, so erkennt das Bezirksgericht — auf Antrag des Staatsanwaltes — gegen den auf freiem Fuß befindlichen Beschuldigten, ohne eine Verhandlung anzuberaumen, durch Beschluß auf Geldstrafe.

(2) Eine Beschlußfassung nach Abs. (1) ist auch in Sachen, deren Verfolgung nur auf Antrag eintritt, statthaft, wenn es nach dem in § 187 bezeichneten Verfahren nicht zu einer Einstellung kommt. In diesem Falle faßt das Gericht den Beschluß ohne den Antrag des Staatsanwaltes[42].

§ 193

(1) Im ohne Verhandlung gefaßten Beschluß kann auch auf die Aussetzung der Geldstrafe und auf Einziehung erkannt werden, ferner kann der Beschuldigte zur Bezahlung des zivilrechtlichen Anspruchs verpflichtet werden. Das Gericht kann auch so entscheiden, daß es den Verletzten bei der Geltendmachung seines zivilrechtlichen Anspruchs auf einen anderen gesetzlichen Weg verweist.

§ 194

(1) Der ohne Verhandlung gefaßte Beschluß hat außer die Bezeichnung des erkennenden Gerichts folgendes zu enthalten:

a) die Personalien des Beschuldigten;
b) die Bezeichnung des Verbrechens, das Gegenstand des Beschlusses ist;
c) die zugemessene Geldstrafe und die damit verbundenen übrigen Anordnungen;
d) die Entscheidung über die Verfahrenskosten und den zivilrechtlichen Anspruch sowie die übrigen Anordnungen, die das Gericht auf Grund einer Rechtsnorm trifft;
e) den Hinweis auf den Inhalt der §§ 195, 196.

(2) Die Begründung des Beschlusses hat nur den kurzen Sachverhalt zu enthalten.

§ 195

(1) Der ohne Verhandlung gefaßte Beschluß ist dem Staatsanwalt (Privatkläger), dem Beschuldigten, dem Verteidiger, dem Verletzten und den übrigen Beteiligten zuzustellen.

(2) Der Beschuldigte und der Verteidiger können binnen acht Tagen nach Zustellung des Beschlusses um die Abhaltung einer Verhandlung nachsuchen. Das Gericht hält zufolge des Gesuchs eine Verhandlung ab.

---

[42] Gegen Jugendliche kann Geldstrafe ohne Verhandlung nicht verhängt werden; siehe § 334 Abs. (3)

(3) Der Verletzte kann ausschließlich gegen die Entscheidung des Beschlusses, durch die der zivilrechtliche Anspruch sachlich erledigt wird, Einrede erheben.

(4) Beschwert sich der Beschuldigte oder einer der übrigen Beteiligten ausschließlich gegen die die Einziehung betreffende bzw. der Beschuldigte oder der Verletzte ausschließlich gegen die den zivilrechtlichen Anspruch betreffende Entscheidung des Beschlusses, so entscheidet das Gericht in der Verhandlung nur in dieser Frage.

(5) Die Wirkung des ohne Verhandlung gefaßten unangefochtenen Beschlusses bzw. des unangefochtenen Teiles ist gleich des rechtskräftigen Urteils[43].

§ 196

Bleibt die Person, die um die Abhaltung einer Verhandlung nachgesucht hat in der Verhandlung aus und entschuldigt sie ihr Ausbleiben nicht im voraus mit einem triftigen Grund, so ist dies als Zurücknahme des Gesuches anzusehen.

IX. Kapitel
GERICHTSVERHANDLUNG

Kontinuität der Verhandlung

§ 197

(1) Das Gericht hat jede Sache möglichst in einer Verhandlung zu erledigen. Das Gericht kann die begonnene Verhandlung aus einem schwerwiegenden Grund vertagen. In diesem Fall ist der Tag der Fortsetzung der Verhandlung anzuberaumen.

(2) Die vertagte Verhandlung kann binnen zwei Monaten ohne Wiederholung fortgesetzt werden, wenn in der Besetzung des Senats keine Veränderung eingetreten ist. Die Frist ist drei Monate, wenn die Vertagung wegen der Anhörung eines Sachverständigen notwendig wurde und diese wegen der schwierigen Beurteilung der Fachfragen oder wegen des großen Umfangs des Fachgutachtens binnen zwei Monaten nicht vorzunehmen war.

(3) In dem in Abs. (2) bezeichneten Falle beginnt die vertagte Verhandlung mit der Verlesung des Protokolls der vorhergehenden Verhandlung. In anderen Fällen, als denen des Abs. (2), ist die Verhandlung von Anfang an durchzuführen.

Die an der Verhandlung beteiligten Personen

§ 198

(1) Die Verhandlung kann nicht ohne Anwesenheit des Vorsitzenden und der Mitglieder des Senats, des Protokollführers, des Beschul-

[43] Vollstreckung der ohne Verhandlung verhängten Geldstrafe: § 305 Abs. (4).

digten und — wenn die Teilnahme des Staatsanwalts vom Gesetz gefordert wird — des Staatsanwalts, schließlich im Falle der verbindlichen Verteidigung ohne die Anwesenheit des Verteidigers stattfinden.

(2) Bleibt der Privatkläger bzw. dessen Vertreter der Verhandlung fern und entschuldigt er sich nicht auf gehörige Weise, so stellt das Gericht das Verfahren ein.

(3) Ist Gegenstand der Anklage ausschließlich ein mit einer Geldstrafe bedrohtes Verbrechen[44], so kann die Verhandlung auch ohne die Anwesenheit des vorschriftsgemäß geladenen, doch unentschuldigt ferngebliebenen Beschuldigten durchgeführt werden.

(4) Die Verhandlung kann in Abwesenheit des Beschuldigten in jeder Strafsache durchgeführt werden, wenn es unzweifelhaft feststeht, daß sich der Beschuldigte unter Verletzung oder Umgehung einer Rechtsnorm im Ausland aufhält. In diesem Falle ist für die Zustellung des Urteils § 218 Abs. (2), für die besondere Möglichkeit der Wiederaufnahme des Verfahrens aber § 270 Abs. (3) maßgebend.

(5) Der Durchführung der Verhandlung steht die Abwesenheit des Beschuldigten nicht entgegen, wenn in der Verhandlung über die Zwangsheilbehandlung des Beschuldigten entschieden werden soll und das Gericht die Anwesenheit des Beschuldigten nicht für notwendig erachtet.

Verhandlungsleitung und Aufrechthaltung der Verhandlungsordnung

§ 199

(1) Der Vorsitzende leitet die Verhandlung. Er bestimmt im Rahmen des Gesetzes die Reihenfolge der Handlungen, die in der Verhandlung vorzunehmen sind; er vernimmt den Beschuldigten, die Zeugen und die Sachverständigen.

(2) An die vom Vorsitzenden verhörten Personen können außer den Mitgliedern des Gerichts auch der Staatsanwalt (Privatkläger), der Beschuldigte, der Verteidiger und die Privatpartei Fragen stellen, doch obliegt es dem Vorsitzenden, darauf zu achten, daß sich die Verhandlung nicht auf Umstände erstreckt, die mit der Sache in keinem Zusammenhang stehen; er hat die Stellung und Beantwortung von

[44] Presseverbrechen StGB § 212; fahrlässige Fälschung einer öffentlichen Urkunde StGB § 220 Abs. (3); fahrlässige Pflichtverletzung in Zusammenhang mit der Wirtschaft StGB § 224 Abs. (4); fahrlässig begangene unbefugte Außenhandelstätigkeit StGB § 237 Abs. (3) erster Satz; fahrlässig begangene Preistreiberei StGB § 238 Abs. (5); fahrlässig begangene Verbrechen gegen die öffentliche Versorgung StGB § 240 Abs. (4); fahrlässig begangene Verbrechen gegen die Devisenbewirtschaftung StGB § 247 Abs. (5); Grundfall der Ehrenbeleidigung StGB § 267 Abs. (1); Grundfall der Verunglimpfung eines Verstorbenen oder seines Andenkens StGB § 268.

Fragen zu untersagen, wenn sie ohne Bedeutung für die Sache oder geeignet sind, die verhörte Person zu beeinflussen.

(3) Der Vorsitzende hat die Pflicht, die an der Verhandlung beteiligten Personen während der Verhandlung auf die ihnen zustehenden Rechte aufmerksam zu machen.

§ 200

(1) Der Vorsitzende hält die Ordnung in der Verhandlung aufrecht.

(2) Der Vorsitzende sorgt dafür, das unter den Zuhörern keine Personen unter vierzehn Jahren anwesend sind; Personen unter achtzehn Jahren können von ihm aus der Verhandlung entfernt werden.

(3) Derjenige, der die Ordnung der Verhandlung stört, wird vom Vorsitzenden zur Ordnung gerufen; im Falle einer wiederholten oder schweren Ordnungsstörung kann er ihn auch aus dem Saal weisen bzw. hinausführen lassen. Im Falle einer wiederholten oder schweren Ordnungsstörung kann das Gericht den Ordnungsstörer — auch ohne eine Ausweisung — mit einer Geldbuße bis zu 1000 Forint bestrafen.

(4) Der Beschuldigte kann, wenn er hinausgewiesen wird, in Haft genommen werden; in diesem Fall ist die Verhandlung in seiner Abwesenheit fortzusetzen, doch muß der Beschuldigte spätestens nach Schluß des Beweisverfahrens wieder vor das Gericht gestellt und über das in seiner Abwesenheit Vorgefallene unterrichtet werden.

(5) Wird im Falle der verbindlichen Verteidigung der Verteidiger aus dem Sitzungssaal gewiesen und wählt der Beschuldigte keinen anderen Verteidiger, so bestellt der Vorsitzende möglichst auf der Stelle einen Verteidiger. Wird der Verteidiger oder der Vertreter des Privatklägers oder der Privatpartei aus dem Saal gewiesen und ist deshalb die entsprechende Vertretung des Betreffenden nicht gesichert, so kann die Verhandlung auf Kosten des Ordnungsstörers vertagt werden.

(6) Kann die Ordnungsstörung als Grundlage eines Straf- oder Disziplinarverfahrens dienen, so verständigt das Gericht die zuständige Behörde; ist aber auch die vorläufige Festnahme statthaft, so kann es den Verüber verhaften und dem Staatsanwalt übergeben.

§ 201

Gegen die im Rahmen der Verhandlungsleitung bzw. Aufrechterhaltung der Verhandlungsordnung ergehenden Verfügungen ist keine Berufung statthaft, ausgenommen die Beschlüsse, durch die entsprechend der vorigen Bestimmung eine Geldbuße verhängt und der Betroffene zur Tragung der Kosten verpflichtet wird, sowie der die Verhaftung anordnende Beschluß. Die Berufung gegen den Beschluß, durch den Geldbuße verhängt und der Betroffene zur Tragung der Kosten verpflichtet wird, hat aufschiebende Wirkung.

Eröffnung der Verhandlung

§ 202

(1) Die Verhandlung wird vom Vorsitzenden des Senats mit der Bezeichnung der Sache eröffnet. Der Vorsitzende stellt zuerst fest, ob die Geladenen erschienen sind und sorgt nach Möglichkeit dafür, daß der trotz der vorschriftsmäßigen Ladung nicht erschienene Beschuldigte, Zeuge bzw. Sachverständige auf der Stelle vorgeführt wird. Stellt der Vorsitzende des Senats fest, daß der Beschuldigte sich an einem unbekannten Ort aufhält und daß die Verhandlung nicht gem. § 198 Abs. (4) durchgeführt werden kann, so beschließt das Gericht entsprechend § 183 Abs. (1).

(2) Erscheint der Verteidiger im Falle einer verbindlichen Verteidigung in der Verhandlung nicht, oder entfernt er sich aus ihr und wählt der Beschuldigte keinen anderen Verteidiger bzw. ist der Vorsitzende nicht in der Lage, auf der Stelle einen anderen Verteidiger zu bestellen, so ist die Verhandlung auf Kosten des säumigen Verteidigers zu vertagen.

(3) Ist eine geladene Person in der Verhandlung nicht erschienen, deren Abwesenheit die Durchführung der Verhandlung nicht hindert, so ist mit der Verhandlung zu beginnen; sie darf nicht vor der Vernehmung der Erschienenen vertagt werden.

§ 203

Nachdem der Vorsitzende festgestellt hat, wer von den Geladenen erschienen ist, fordert er die Zeugen auf, den Verhandlungsort zu verlassen; er macht sie auf die Folgen des ungerechtfertigten Sichentfernens aus dem Gericht aufmerksam sowie auch darauf, daß sie sich an dem ihnen zugewiesenen Ort aufzuhalten haben. Sachverständige sind nur dann zum Verlassen des Verhandlungsortes aufzufordern, wenn dies vom Gericht aus einem schwerwiegenden Grund für notwendig erachtet wird; andernfalls kann der Sachverständige in der Verhandlung von Anfang an anwesend sein.

Vernehmung des Beschuldigten

§ 204

(1) Nachdem sich die Zeugen entfernt haben, ist der Beschuldigte gemäß § 117 Abs. (1) zur Person zu vernehmen; danach ist der in § 168 Abs. (1) b) und c) bezeichnete Teil der Anklageschrift, nötigenfalls auch deren andere Teile zu verlesen; im Falle der Privatklage ist der wesentliche Inhalt der Anzeige bekanntzugeben.

(2) Sodann ist der Beschuldigte darüber zu befragen, ob er die Anklage verstanden hat; im Falle einer verneinenden Antwort ist ihm diese zu erklären; danach ist an ihn die Frage zu richten, ob er seine Schuld bekennt. Im Anschluß daran ist der Beschuldigte gemäß § 117 Abs. (2)—(4) eingehend zur Sache zu vernehmen.

(3) Der Beschuldigte ist im allgemeinen in Abwesenheit der noch nicht vernommenen Mitbeschuldigten zu verhören, doch kann das Gericht notfalls auch eine hiervon abweichende Verfügung erlassen.

(4) Für die Gegenüberstellung sind die Bestimmungen des § 118 maßgebend.

(5) Der Beschuldigte, dessen Anwesenheit bei der Vernehmung des anderen Beschuldigten dessen Befangenheit bewirken könnte, kann vom Vorsitzenden auf die Dauer der Aussage des letzteren aus dem Saal entfernt werden. Der Inhalt der Aussage ist dem aus dem Saale entfernten Beschuldigten spätestens vor Abschluß der Beweisaufnahme bekanntzugeben.

§ 205

(1) Der Beschuldigte kann während der Verhandlung nach der Vernehmung jedes Mitbeschuldigten, Zeugen oder Sachverständigen sowie auch nach der Verlesung jedes Schriftstücks dazu Stellung nehmen.

(2) Der Beschuldigte kann sich mit seinem Verteidiger auch während der Verhandlung verständigen.

Reihenfolge der Beweisaufnahme

§ 206

Nach der Vernehmung des Beschuldigten tritt das Gericht in die Beweisaufnahme ein. In der Reihenfolge der Beweise gehen die Beweise der Anklage in der Regel denjenigen der Verteidigung vor, doch kann das Gericht auch eine hiervon abweichende Anordnung treffen.

Vernehmung von Zeugen und Sachverständigen

§ 207

(1) Bei der Vernehmung eines Zeugen können die noch nicht vernommenen Zeugen nicht zugegen sein. Das Gericht wendet diese Vorschrift nach seinem Ermessen auf den als Zeugen zu hörenden Privatkläger und den Verletzten an.

(2) Die Vorschriften des § 204 Abs. (5) sind auch im Falle der Vernehmung eines Zeugen in Anwesenheit des Beschuldigten oder eines anderen Zeugen entsprechend anzuwenden.

(3) Die die Zeugen und Sachverständigen betreffenden Vorschriften des § 133 Abs. (2) und (3) sowie der §§ 134—140 sind auch in der Verhandlung anzuwenden.

(4) Der Zeuge, der außerstande ist, in der Verhandlung zu erscheinen oder dessen Erscheinen mit außerordentlichen Schwierigkeiten verbunden wäre, kann, wenn seine Vernehmung nach Ermessen des Gerichts notwendig ist, gemäß dem Beschluß des Gerichts von einem seiner Mitglieder oder von einem ersuchten Richter außerhalb der Verhandlung vernommen werden. Dasselbe gilt auch für den Sachverständigen. Der Staatsanwalt (Privatkläger), der Beschuldigte, der

Verteidiger und der Verletzte können zur Vernehmung erscheinen; sie sind deshalb vorher über den Ort und die Zeit der Vernehmung zu benachrichtigen.

Augenschein

§ 208

Die Vorschriften des § 141 Abs. (1) und des § 142 sind auch hinsichtlich des in der Verhandlung angeordneten Augenscheins maßgebend. Wäre die Einnahme des Augenscheins in der am Tatort vorgenommenen Verhandlung mit beträchtlichen Kosten verbunden oder stünden ihr sonst Schwierigkeiten entgegen, so kann § 207 Abs (4) auch auf den Augenschein entsprechend angewendet werden.

Verlesung von Urkunden

§ 209

(1) In der Verhandlung sind zu verlesen

a) das Protokoll über eine Beweisaufnahme außerhalb der Verhandlung [§ 207 Abs. (4) und § 208];

b) die Urkunden, die als Beweisstücke dienen;

c) die amtlichen Benachrichtigungen, die sich auf die Erwerbs- bzw. Vermögensverhältnisse sowie auf das bestrafte oder unbestrafte Vorleben des Beschuldigten beziehen.

(2) Es können in der Verhandlung verlesen werden:

a) die im Verlaufe der Ermittlungen gemachte Aussage des Beschuldigten, wenn dieser in der Verhandlung nicht anwesend ist, er in der Verhandlung die Aussage verweigert oder seine Aussage in der Verhandlung von der im Verlauf der Ermittlungen gemachten abweicht;

b) die im Verlaufe der Ermittlungen gemachte Aussage desjenigen Zeugen, der in der Verhandlung überhaupt nicht oder nur mit außerordentlichen Schwierigkeiten vernommen werden könnte, der in der Verhandlung die Aussage ohne gesetzlichen Grund verweigert oder dessen Aussage in der Verhandlung von der im Verlauf der Ermittlungen gemachten abweicht;

c) das Gutachten des behördlichen Arztes oder der zur Begutachtung bzw. zur Überprüfung berufenen Sachverständigenkorporation, Behörde oder eines anderen derartigen Organs sowie auch das Gutachten eines am Erscheinen verhinderten anderen Sachverständigen;

d) das Protokoll über Augenschein, Hausdurchsuchung, Beschlagnahme und Leibesvisitation.

Vorlage anderer Beweisstücke

§ 210

Ist es im Interesse der Beweisaufnahme notwendig, so sind in der Verhandlung auch die Beweisstücke (§ 73) zur Besichtigung vorzulegen.

Unterlassung der Beweisaufnahme

§ 211

Wurde gegen den Beschuldigten wegen mehrerer Verbrechen Anklage erhoben und befinden sich unter diesen auch Verbrechen geringerer Schwere, die neben den schwereren Verbrechen hinsichtlich der Verantwortung des Beschuldigten belanglos sind, so kann das Gericht nach der Beweisaufnahme bezüglich des schwereren Verbrechens die Beweisaufnahme in Zusammenhang mit diesen Verbrechen unterlassen.

Ergänzung der Beweisaufnahme

§ 212

(1) Das Gericht kann im Interesse der Klärung des Sachverhalts die Ergänzung der Beweisaufnahme anordnen. Ist die weitere Beweisaufnahme nicht sofort möglich, so setzt das Gericht — indem es die Verhandlung vertagt — zu ihrer Durchführung einen neuen, möglichst nahen Verhandlungstag fest. Ist die Beweisaufnahme nur außerhalb der Verhandlung durchführbar [§ 207 Abs. (4) und § 208], so entsendet das Gericht eines seiner Mitglieder oder ersucht ein anderes Gericht zur Ergänzung der Beweisaufnahme. Ist es zur erwünschten Aufklärung der Sache erforderlich, so kann das Gericht auch Ergänzungserhebungen (Ermittlungen) anordnen.

(2) Über den Antrag auf Ergänzung der Beweisaufnahme entscheidet das Gericht durch Beschluß; gegen einen stattgebenden Beschluß ist kein Rechtsmittel zulässig, während die Abweisung in der gegen das Urteil eingelegten Berufung gerügt werden kann[45].

Modifizierung der Anklage

§ 213

(1) Ist der Staatsanwalt bzw. der Privatkläger nach dem Ergebnis der Beweisaufnahme der Meinung, daß sich der Beschuldigte eines anderen oder eines weiteren Verbrechens als das, das Gegenstand der Anklage ist, schuldig gemacht hat, so ändert er die Anklage ab, bzw. er erweitert sie oder beantragt zum Zwecke der Einreichung einer neuen Anklageschrift die Vertagung der Verhandlung. Dies kann während der Verhandlung jederzeit geschehen, jedoch nur so lange, bis sich das erstinstanzliche Gericht zur Urteilsberatung zurückgezogen hat [§ 216 Abs. (3)].

(2) Im Falle der Abänderung der Anklage kann das Gericht über die Anklage in derselben Verhandlung nur dann entscheiden, wenn die Abänderung zugunsten des Beschuldigten erfolgt oder wenn die Vorbereitung der Verteidigung eine Vertagung der Verhandlung nicht notwendig macht; hierüber hat das Gericht den Staatsanwalt (Privatkläger), den Beschuldigten und den Verteidiger zu hören. Ist die An-

---

[45] Ergänzung der Ermittlungen: § 177. Anordnung der Ermittlungen bzw. der Ergänzung der Ermittlungen bei Antragsdelikten: § 189.

klage erweitert worden, so vertagt das Gericht auf Antrag des Verteidigers oder des Beschuldigten die Verhandlung, sofern die Ergänzung der Beweisaufnahme oder die Vorbereitung der Verteidigung erforderlich ist; in begründeten Fällen trennt das Gericht das Verfahren hinsichtlich des Verbrechens ab, auf welches die Anklage ausgedehnt worden ist.

(3) Übersteigt die abgeänderte bzw. erweiterte Anklage die sachliche Zuständigkeit des Gerichts, so ist die Sache an das Gericht mit der entsprechenden sachlichen Zuständigkeit abzugeben.

Antrag auf Anordnung der Zwangsheilbehandlung in der Verhandlung

§ 214

Beantragt der Staatsanwalt (Privatkläger) nach dem Ergebnis der Beweisaufnahme in der Verhandlung die Anordnung der Zwangsheilbehandlung des Beschuldigten, so kann das Gericht nach Anhören des Staatsanwaltes (Privatklägers), des Beschuldigten und des Verteidigers die Verhandlung vertagen, wenn es dies im Interesse der Vorbereitung der Verteidigung für notwendig erachtet.

Schlußvorträge — Urteilsfällung

§ 215

(1) Hat das Gericht die Beweisaufnahme beendet, so erklärt der Vorsitzende diese für abgeschlossen und erteilt dem Staatsanwalt (Privatkläger), dem Verteidiger bzw. dem Beschuldigten das Wort für den Schlußvortrag.

(2) Der Staatsanwalt hält als erster den Schlußvortrag; in diesem wird — unter Hinweis auch auf die anzuwendenden Rechtsnormen — ein begründeter Antrag darüber gestellt, welches Verbrechens der Beschuldigte vom Gericht schuldig zu sprechen und welche Strafart von demselben anzuwenden ist; hinsichtlich der Höhe der anzuwendenden Strafe darf ein Antrag nicht gestellt werden. Wird die Anklage vom Privatkläger vertreten, so hält er bzw. sein Vertreter als erster den Schlußvortrag.

(3) Nach dem Staatsanwalt bzw. dem Privatkläger trägt die Privatpartei ihren zivilrechtlichen Anspruch vor; im Falle ihrer Abwesenheit ist der erhobene Anspruch aus den Akten zu verlesen. Der Staatsanwalt kann sich auch über den zivilrechtlichen Anspruch äußern.

(4) Hierauf erhält der Verteidiger oder, falls ein Verteidiger am Verfahren nicht teilnimmt, der Beschuldigte das Wort zur Verteidigung.

§ 216

(1) Den Schlußvorträgen können in derselben Reihenfolge wie die Schlußvorträge Repliken nachfolgen.

(2) Das Recht des letzten Wortes gebührt dem Beschuldigten auch dann, wenn er einen Verteidiger hat. Zu diesem Zweck ist der Beschuldigte in jedem Fall nach den Schlußvorträgen zu befragen, ob er, gestützt auf sein Recht zum letzten Wort, zu seiner Verteidigung noch etwas vorzutragen wünscht.

(3) Im Anschluß daran fällt das Gericht in geschlossener Sitzung seine Entscheidung. Das Gericht setzt die Verhandlung auf die Dauer der geschlossenen Sitzung aus[46].

Verkündung und schriftliche Abfassung des Urteils

§ 217

(1) Das Urteil ist in der Regel unmittelbar nach Abschluß der Verhandlung zu verkünden. Die Verkündung erfolgt durch Verlesung der Urteilsformel und Eröffnung des wesentlichen Inhalts der Urteilsgründe. Der Erlaß und die Verkündung des Urteils können für höchstens acht Tage ausgesetzt werden, wenn dies infolge der Schwierigkeit der Sache, des großen Umfanges des Urteils oder aus einem anderen schwerwiegenden Grunde notwendig ist. In diesem Fall ist der Zeitpunkt der Verkündung anzusetzen.

(2) Das verkündete Urteil ist in der Regel binnen acht Tagen vollständig schriftlich abzufassen; in schwierigen Sachen, die eine umfangreiche Begründung erfordern, hat die vollständige schriftliche Abfassung spätestens binnen fünfzehn Tagen, gerechnet von der Urteilsverkündung, zu erfolgen.

Bekanntgabe des Urteils

§ 218

(1) Für die Bekanntgabe des Urteils ist die Bestimmung des § 94 maßgebend.

(2) Im Falle des § 198 Abs. (4) ist das Urteil dem Beschuldigten ausschließlich durch Zustellung mittels öffentlicher Bekanntmachung mitzuteilen.

(3) Ist der Beschuldigte bei einem staatlichen Organ (§ 114 StGB) angestellt, so ist das Urteil durch Zustellung auch seinem Vorgesetzten mitzuteilen. Welchen Behörden oder sonstigen Organen das Urteil zum Zwecke der Vollstreckung, der Registrierung oder zu einem anderen Zweck zuzustellen ist, wird vom Justizminister bestimmt.

§ 219

(1) Nach der Verkündung des Urteils werden die anwesenden Berufungsberechtigten (§ 234) vom Vorsitzenden befragt, ob sie Berufung einzulegen wünschen. Der bei der Verhandlung anwesende Staats-

---

[46] Abschluß der Verhandlung: § 220 Abs. (4). Dieser Paragraph ist auch dann anzuwenden, wenn das Gericht in der Sache durch Beschluß entscheidet: § 92 Abs. (4).

anwalt sowie der Privatkläger hat hinsichtlich der Berufung die Pflicht, vor dem Beschuldigten und vor dem Verteidiger die Erklärung abzugeben.

(2) Der Berufungsberechtigte, dem das Urteil durch Zustellung mitgeteilt wird, ist auf sein Berufungsrecht und auf die Frist der Einlegung der Berufung aufmerksam zu machen.

Entscheidung in der Frage der vorläufigen Festnahme

§ 220

(1) Wird das Urteil bei seiner Verkündung nicht rechtskräftig, so hat das Gericht über die Frage der vorläufigen Festnahme auf der Stelle zu entscheiden. § 120 Abs. (1) b)—e) und Abs. (2) sind auch hier entsprechend anzuwenden.

(2) Im Falle eines freisprechenden Urteils oder der Einstellung des Verfahrens ist der Beschuldigte auf freien Fuß zu setzen.

(3) Die nach der Verkündung des Urteils angeordnete oder aufrechterhaltene vorläufige Festnahme dauert in der Regel bis zur rechtskräftigen Erledigung des Verfahrens, doch ist der Beschuldigte auch früher auf freien Fuß zu setzen, sobald für seine Haft kein Grund mehr vorliegt. Hierüber entscheidet bis zur Vorlage der Akten das Gericht, das in erster Instanz erkannt hat, danach aber das Berufungsgericht.

(4) Nach der Abgabe der Erklärungen hinsichtlich der Berufung bzw. nach der Verkündung des Beschlusses über die Frage der vorläufigen Festnahme wird die Verhandlung durch den Vorsitzenden geschlossen.

X. Kapitel
GERICHTLICHE ENTSCHEIDUNGEN AUF GRUND DER VERHANDLUNG

Erledigung der Sache ohne Urteil

§ 221

(1) Wird in der Verhandlung die Verweisung der Sache oder die Aussetzung des Verfahrens notwendig, so beschließt das Gericht gemäß § 175 bzw. § 178. Außerdem ist auch in der Verhandlung die für die Aussetzung des Verfahrens geltende Vorschrift des § 183 Abs. (1) anzuwenden, es sei denn, daß nach § 198 Abs. (4) die Durchführung der Verhandlung in Abwesenheit des Beschuldigten möglich ist.

(2) Das Gericht stellt das Verfahren ein

a) wenn ein die Strafbarkeit aufhebender Grund (§ 30 StGB) vorliegt;

b) wenn der für das Strafverfahren erforderliche Strafantrag, die Anzeige oder das Verlangen fehlt und dieser Mangel nicht geheilt wird bzw. er nicht mehr geheilt werden kann;

c) wenn der Privatkläger die Anklage zurückgenommen hat oder wenn ihm die Ladung zur Verhandlung deshalb nicht zugestellt werden konnte, weil er versäumt hat, seine Adressenänderung dem Gericht anzumelden;
d) wenn das Gericht auf die Verhängung einer Strafe verzichtet [StGB §§ 10 Abs. (2), 60, 181 Abs. (2) und 309][47];
e) wenn das der Anklage zugrunde liegende Verbrechen bereits früher rechtskräftig abgeurteilt worden ist;
f) wegen des Verbrechens, hinsichtlich dessen die Beweisaufnahme auf Grund des § 211 unterlassen wurde.

(3) Nimmt der Staatsanwalt die Anklage zurück, so kann das Gericht unter Berufung auf die Zurücknahme das Verfahren einstellen; erachtet es jedoch die Rücknahme der Anklage als unbegründet, so wird das Verfahren fortgesetzt und ein Urteil gefällt.

(4) Das Gericht kann in seinem das Verfahren einstellenden oder das Verfahren wegen der Geisteskrankheit des Beschuldigten, die nach der Begehung des Verbrechens aufgetreten ist, aussetzenden Beschluß auch die Einziehung anordnen und über den zivilrechtlichen Anspruch in der Sache selbst entscheiden.

Urteil

§ 222

Außer in den in § 221 genannten Fällen entscheidet das Gericht in der Sache selbst durch Urteil[48].

§ 223

Das Gericht kann sein Urteil nur auf der Grundlage der in der Verhandlung erhobenen Beweise fällen; es würdigt die Beweise in ihrer Gesamtheit und beurteilt sie nach seiner Überzeugung.

§ 224

(1) Das Gericht kann sein Urteil nur auf der Grundlage der Tatsachen, wegen deren eine Anklage erhoben wurde, fällen.

(2) Bei der rechtlichen Beurteilung der der Anklage zugrunde liegenden Tatsachen ist das Gericht an den Antrag des Staatsanwalts bzw. der Privatklägers nicht gebunden.

(3) Ist das Gericht auf Grund der der Anklage zugrunde liegenden Tatsachen der Ansicht, daß der Beschuldigte ein schwereres Verbrechen als das in der Anklage bezeichnete begangen hat, so ist die Verhand-

---

[47] StGB § 10 Abs. (2): Versuch an einem untauglichen Gegenstand oder mit untauglichen Mitteln; StGB § 60: Verwarnung; StGB § 181 Abs. (2): Widerrufung der falschen Aussage oder Erklärung; StGB § 309: tätige Reue im Falle des Diebstahls, der Unterschlagung, des Betrugs, der Untreue, der Beschuldigung, einer Hehlerei, der widerrechtlichen Aneignung oder der nachlässigen Verwaltung.

[48] Vgl. § 6: Freiheit der Beweiserhebung und der Bewertung; Beweise.

lung auf Antrag des Staatsanwalts (Privatkläger) des Beschuldigten oder des Verteidigers zu vertagen, wenn die Vertagung nach der Beurteilung des Gerichts im Interesse der Ergänzung der Ermittlungen bzw. zur Vorbereitung der Verteidigung notwendig ist.

(4) Ist das Gericht nach den Ergebnissen der Beweisaufnahme der Ansicht, daß der Beschuldigte außer dem in der Anklage bezeichneten Verbrechen auch eines anderen Verbrechens schuldig zu erklären ist, so ruft es den Staatsanwalt (Privatkläger) zur Ausübung seiner in § 213 Abs. (1) bezeichneten Rechte auf. Nimmt der Staatsanwalt an der Verhandlung nicht teil, so sind ihm die Akten nach der Vertagung der Verhandlung oder der Abtrennung des Verfahrens zusammen mit dem den Aufruf enthaltenen Beschluß zu übersenden.

§ 225

Im Urteil ist der Beschuldigte schuldig zu erklären oder freizusprechen[49].

§ 226

(1) Der Beschuldigte wird vom Gericht von der Anklage freigesprochen, wenn:

a) der Beschuldigte kein Verbrechen begangen hat;

b) nicht nachgewiesen ist, daß der Beschuldigte das der Anklage zugrunde liegende Verbrechen begangen hat;

c) Strafausschließungsgründe (§ 19 StGB) — ausgenommen der Mangel des Strafantrages (§ 221 Abs. (2) b) — vorliegen.

(2) Hat die Zwangsheilbehandlung (StGB § 61) zu erfolgen, so ist gleichzeitig mit der Freisprechung des Beschuldigten auch über die Anordnung der Zwangsheilbehandlung zu entscheiden.

§ 227

(1) Ist das Gericht nach den Ergebnissen der Verhandlung der Ansicht, daß der Beschuldigte nur eine Vorschriftsverletzung begangen hat, so stellt es dies im freisprechenden Urteil fest und wendet gegen den Beschuldigten wegen der Vorschriftsverletzung die in der Rechtsnorm bestimmten Rechtsfolgen an.

(2) Im schuldigsprechenden Urteil kann die Feststellung einer Vorschriftsverletzung unterlassen werden.

(3) Stellt das Gericht nur eine Vorschriftsverletzung fest, so entscheidet es über den zivilrechtlichen Anspruch ohne die Einschränkungen, die die Rechtsnormen über die Erledigung von Vorschriftsverletzungen enthalten.

§ 228

Wird der Beschuldigte nicht nach § 226 freigesprochen, so ist der Beschuldigte des ihm zur Last gelegten Verbrechens schuldig zu sprechen und über seine Strafe zu entscheiden.

---

[49] Einstellung des Verfahrens: § 221 Abs. (2).

§ 229

(1) Im Urteil ist hinsichtlich des zivilrechtlichen Anspruchs nach Möglichkeit zur Sache selbst zu entscheiden. Über den zivilrechtlichen Anspruch kann sachlich auch im freisprechenden Urteil entschieden werden, indem der Anspruch entweder abgewiesen oder zugesprochen wird.

(2) Hat das Strafgericht über den zivilrechtlichen Anspruch eine Entscheidung in der Sache selbst getroffen, so ist hinsichtlich dieses Streitgegenstandes ein weiteres Verfahren auf einem anderen gesetzlichen Wege nicht möglich.

(3) Würde durch die Aburteilung des zivilrechtlichen Anspruchs die Beendigung des Verfahrens beträchtlich verzögert, so nimmt das Gericht von der sachlichen Entscheidung Abstand und verweist im Urteil auf die Geltendmachung des Anspruchs auf einem anderen gesetzlichen Weg.

§ 230

(1) Das Urteil besteht aus der Einleitung, der Urteilsformel und den Urteilsgründen.

(2) Die Einleitung enthält die Bezeichnung des erkennenden Gerichts, den Ort und die Zeit der Verhandlung sowie die Feststellung darüber, ob die Verhandlung, auf Grund derer das Urteil ergeht, öffentlich oder nicht öffentlich war.

§ 231

(1) Die Urteilsformel hat zu enthalten:

a) die Personalien des Beschuldigten gemäß § 117 Abs. (1); auf das unbestrafte oder bestrafte Vorleben des Beschuldigten ist nur hinzuweisen;
b) die Bezeichnung des Verbrechens, das Gegenstand des Urteils ist;
c) die Schuldigsprechung oder Freisprechung des Beschuldigten;
d) die Entscheidung über die Verfahrenskosten und den zivilrechtlichen Anspruch sowie die übrigen Anordnungen, die das Gericht auf Grund einer Rechtsnorm trifft.

(2) Ergeht gegen den Beschuldigten ein Schuldspruch, so muß die Urteilsformel diesem nachfolgend die zugemessene Strafe und die damit verbundenen übrigen Anordnungen enthalten.

(3) In den Urteilsgründen sind die vom Gericht festgestellten Tatsachen vorzutragen, unter diesen auch, daß der Beschuldigte vorbestraft ist, wann, wo und weshalb er bestraft wurde, und es ist auszuführen, warum das Gericht dies für erwiesen angesehen hat; ferner sind die Gründe anzuführen, die das Gericht zu den Anordnungen im Urteil bewogen haben. Legt das Gericht seiner Tatsachenfeststellung oder Entscheidung das Gutachten eines Sachverständigen nicht zugrunde, so ist dies stets eingehend zu begründen. Es sind auch diejenigen Gründe anzugeben, die für die Ablehnung der Anträge

maßgebend waren, die in der Verhandlung zwecks Ergänzung der Beweisaufnahme oder hinsichtlich einer anderen wesentlichen Frage gestellt wurden.

(4) Das Urteil ist kurz und klar abzufassen. Auf die Bezeichnung der strafbaren Handlung und die den übrigen Urteilsanordnungen zugrunde liegenden Rechtsnormen ist nicht in der Urteilsformel, sondern in den Urteilsgründen hinzuweisen.

§ 232

(1) Hat gegen das Urteil des Bezirksgerichts keiner der hierzu Berechtigten Berufung eingelegt, so müssen die Urteilsgründe nur den kurzen Sachverhalt, die Bezeichnung der bei der Tatsachenfeststellung berücksichtigten Beweise und des zur Anwendung gebrachten Strafgesetzes sowie der Umstände, auf Grund derer das Bezirksgericht die Vollstreckung der Strafe ausgesetzt bzw. den § 68 StGB angewendet hat, enthalten.

(2) Ist vorauszusehen, daß die ausführlichen Urteilsgründe in einem anderen gerichtlichen oder behördlichen Verfahren benötigt werden, so ist die Anwendung der in Abs. (1) bezeichneten Bestimmung nicht statthaft.

XI. Kapitel
BERUFUNG

Wirkung der Berufung

§ 233

(1) Gegen das in erster Instanz gefällte Urteil ist — ausgenommen das in erster Instanz gefällte Urteil des Obersten Gerichts — Berufung bzw. seitens des Staatsanwalts Berufungsverwahrung zulässig.

(2) Alle Bestimmungen des Gesetzes über die Berufung gelten auch für die Berufungsverwahrung.

(3) Die Berufung kann sich gegen jede Anordnung des Urteils oder ausschließlich gegen die Urteilsgründe richten.

(4) Die Berufung kann aus einem sachlichen und aus einem das Verfahren betreffenden Grund eingelegt werden.

(5) Die Berufung hat hinsichtlich der Rechtskraft des Teiles des Urteils, der infolge der Berufung durch das zweitinstanzliche Gericht überprüft wird, aufschiebende Wirkung [§§ 241 und 242 Abs. (1)].

Berufungsberechtigte

§ 234

(1) Berufung können einlegen:

I. der Staatsanwalt, und zwar zugunsten wie auch zuungunsten des Beschuldigten;

II. zugunsten des Beschuldigten:

a) der Beschuldigte selbst oder statt seiner sein Ehegatte;

b) der Verteidiger auch gegen den ausdrücklichen Willen des Beschuldigten;
c) der Erbe des Beschuldigten, jedoch nur gegen den Teil des Urteils, in dem eine, den zivilrechtlichen Anspruch betreffenden, vermögensrechtliche Entscheidung enthalten ist;

III. zuungunsten des Beschuldigten:
a) der Privatkläger;
b) die Privatpartei, jedoch nur gegen die Entscheidung, durch die ihr zivilrechtlicher Anspruch sachlich erledigt wird;

IV. diejenigen Personen, denen gegenüber das Urteil eine Anordnung enthält, gegen diese Anordnung.

(2) Gegen die Anordnung der Zwangsheilbehandlung ist auch der gesetzliche Vertreter des volljährigen Beschuldigten zur Einlegung der Berufung befugt, auch wenn der Beschuldigte dies mißbilligt. Dasselbe Recht steht auch dem Ehegatten des Beschuldigten zu[50].

Einlegung der Berufung

§ 235

(1) Derjenige, dem das Urteil durch Verkündung mitgeteilt worden ist, kann nach der Verkündung auf der Stelle Berufung einlegen oder sich zur Einlegung seiner Berufung eine dreitätige Frist vorbehalten. Gegen die Versäumnis dieser Frist findet keine Wiedereinsetzung statt. Ist das Urteil dem Berufungsberechtigten durch Zustellung mitgeteilt worden, so ist die Berufung binnen acht Tagen nach Zustellung einzulegen.

(2) Die nicht auf der Stelle eingelegte Berufung ist bei dem in erster Instanz erkennenden Gericht zu Protokoll zu geben oder schriftlich einzulegen.

(3) Der Ehegatte und der gesetzliche Vertreter des Beschuldigten können in der dem Beschuldigten zustehenden Frist, der Erbe kann binnen acht Tagen nach der Urteilsverkündung Berufung einlegen.

(4) Dem Berufungsberechtigten, dem das Urteil durch Verkündung mitgeteilt worden ist, ist auf sein bei der Verkündung vorgetragenes Verlangen das Urteil zuzustellen.

Inhalt der Berufung

§ 236

(1) In der Berufung ist darzulegen, weshalb der Beschwerdeführer das Urteil anficht. Ist die genaue Bezeichnung des Berufungsgrundes versäumt worden, so kann deshalb die sachliche Entscheidung über die Berufung nicht verweigert werden.

(2) In der Berufung kann auch eine neue Tatsache behauptet und auch ein neuer Beweis angetreten werden.

---

[50] Berufungsberechtigte in einzelnen besonderen Verfahren: §§ 283 Abs. (4), 284 Abs. (2), 288 Abs. (4), 302 Abs. (3) und 304 Abs. (4).

(3) Die Berufung kann eingehend schriftlich begründet werden; die Begründung ist bis zur Einsendung der Akten beim erstinstanzlichen Gericht, nach der Einsendung der Akten hingegen beim zweitinstanzlichen Gericht — spätestens bis zum achten Tage vor der Verhandlung (Senatssitzung) — vorzulegen.

Stellungnahme zu der Berufung

§ 237

Die im Verfahren beteiligten Personen können zu der Berufung bis zur Einsendung der Akten beim erstinstanzlichen Gericht, nach der Einsendung der Akten aber beim zweitinstanzlichen Gericht — spätestens bis zum dritten Tage vor der Verhandlung (Senatssitzung) — Stellung nehmen.

Einsendung der Akten an das zweitinstanzliche Gericht

§ 238

(1) Ist die zur Einlegung der Berufung zulässige Frist für sämtliche Beteiligten abgelaufen, so sendet das Gericht, das in erster Instanz erkannt hat, die Akten auf der Stelle an das zweitinstanzliche Gericht. Die Übersendung erfolgt beim Privatklageverfahren unmittelbar, in den übrigen Fällen aber durch Vermittlung des beim erstinstanzlichen Gericht tätigen Staatsanwalts.

(2) Die verspätete, die nach dem Gesetz unzulässige oder von einem Unberechtigten eingelegte Berufung wird vom Gericht des ersten Rechtszuges verworfen.

(3) Ist die Berufung auf die Verletzung einer prozeßrechtlichen Norm gestützt worden und sind diese Umstände aus den Akten nicht ersichtlich, so gibt das Gericht, das in erster Instanz das Verfahren durchgeführt hat, hierüber in der Übersendungsschrift Aufschluß.

(4) Der beim zweitinstanzlichen Gericht tätige Staatsanwalt hat die Pflicht, die ihm zugesandten Akten samt seinem Antrag oder seinen anderweitigen Äußerungen und deren Begründung binnen acht Tagen — in umfangreichen oder schwierigen Sachen binnen fünfzehn Tagen — dem zweitinstanzlichen Gericht zuzusenden. Nimmt er aber die Berufungsverwahrung zurück und ist keine andere Berufung eingelegt, so sendet er die Akten mit der die Zurücknahme betreffenden Äußerung an das erstinstanzliche Gericht zurück.

Zurücknahme der Berufung

§ 239

(1) Der Beschwerdeführer kann, solange sich das Gericht nicht zur Urteilsfällung in zweiter Instanz zurückgezogen hat, seine Berufung zurücknehmen. Die Berufung des Ehegatten kann auch vom Beschuldigten zurückgenommen werden.

(2) Die zugunsten des Beschuldigten von einem anderen eingelegte Berufung kann der Einlegende nur mit Einwilligung des Beschuldigten zurücknehmen. Diese Vorschrift bezieht sich nicht auf die Berufungsverwahrung.

(3) Die zurückgenommene Berufung kann auch dann nicht erneut eingelegt werden, wenn die Berufungsfrist noch nicht abgelaufen ist.

(4) Wurden sämtliche Berufungen zurückgenommen, so findet keine Sachprüfung statt.

Aufgaben des Vorsitzenden des Senats

§ 240

(1) Der Vorsitzende des Senats hat die folgenden Aufgaben:

a) ist weder aus der Berufung noch aus den übrigen Angaben in der Sache zu erkennen, warum der Beschwerdeführer das Verfahren bzw. das Urteil des erstinstanzlichen Gerichts für gesetzesverletzend hält, so fordert er den Beschwerdeführer auf, seine Berufung binnen drei Tagen zu ergänzen;

b) wenn notwendig, trifft er Verfügungen zum Zwecke der Heilung der Mängel sowie der Ergänzung der Akten, der Besorgung neuer Schriftstücke, der Übersendung der Akten an den Staatsanwalt oder der Beschaffung des entsprechenden Aufschlusses durch das erstinstanzliche Gericht;

c) sind sämtliche Berufungen zurückgenommen worden, so sendet er die Akten an das erstinstanzliche Gericht zurück.

(2) Liegt zu einer im Abs. (1) bezeichneten Verfügung kein Bedürfnis vor oder ist die unter a) bestimmte Frist abgelaufen, so setzt der Vorsitzende des Senats den Senatssitzungstermin (§ 244) bzw. den Verhandlungstermin (§ 252) in der Sache — zu einem Zeitpunkt binnen dreißig Tagen nach dem Eingang der Akten — fest.

Umfang der Überprüfung

§ 241

(1) Das zweitinstanzliche Gericht überprüft — soweit das Gesetz es nicht anders vorschreibt — das mit der Berufung angefochtene Urteil sowie das vorangegangene gerichtliche Verfahren in vollem Umfang, ungeachtet dessen, von wem und aus welchem Grunde Berufung eingelegt wurde.

(2) Richtet sich die Berufung ausschließlich gegen denjenigen Teil des Urteils, der sich auf den zivilrechtlichen Anspruch oder auf die Kosten des Strafprozesses bezieht, so überprüft das zweitinstanzliche Gericht nur den angefochtenen Teil des Urteils.

(3) Wurde gegen den Beschuldigten wegen mehrerer Verbrechen Anklage erhoben und hat das erstinstanzliche Gericht ihn in einem Teil der Anklage freigesprochen, so kann der freisprechende Teil des Urteils nur dann überprüft werden, wenn dagegen Berufung eingelegt wurde. Wurde der Beschuldigte in allen Anklagepunkten freigespro-

chen, so kann nur der Teil des Urteils überprüft werden, der sich auf die Verbrechen bezieht, bei denen wegen des Freispruchs Berufung eingelegt wurde.

§ 242

(1) Im Falle mehrerer Beschuldigter überprüft das zweitinstanzliche Gericht das Urteil nur hinsichtlich derjenigen Beschuldigten, auf die sich die Berufung bezieht.

(2) Ist der von der Berufung betroffene Beschuldigte freizusprechen oder das erstinstanzliche Urteil wegen Verletzung von Verfahrensvorschriften, die die Interessen der Beschuldigten berühren, aufzuheben und liegen die Gründe, die das zweitinstanzliche Gericht zu seiner Entscheidung veranlassen, auch bei einem Beschuldigten, für den keine Berufung eingelegt wurde, vor, so fällt das zweitinstanzliche Gericht dieselbe Entscheidung auch bezüglich dieses Beschuldigten.

(3) Derjenige Teil des Urteils, der sich auf einen Beschuldigten bezieht, für den keine Berufung eingelegt wurde, kann aus dem Grund, daß das Urteil der Grundlage entbehrt [§ 254 Abs. (2)], dann aufgehoben werden, wenn die Feststellung des richtigen Tatbestandes bzw. die genügende Aufklärung der Sache den Freispruch des Beschuldigten oder auch ihm gegenüber die Einstellung des Verfahrens zur Folge haben könnte.

(4) In den Fällen des Abs. (2) und (3) ist nötigenfalls auch in der Frage der vorläufigen Festnahme zu entscheiden[51].

Entscheidungen des zweitinstanzlichen Gerichts

§ 243

Falls das zweitinstanzliche Gericht das Urteil des in erster Instanz erkennenden Gerichts abändert, erläßt es ein Urteil, während es in den übrigen Fällen durch Beschluß entscheidet.

Senatssitzung

§ 244

Das zweitinstanzliche Gericht entscheidet in Senatssitzung, wenn

a) es zur Aburteilung der Berufung sachlich oder örtlich nicht zuständig ist;
b) die Berufung verspätet oder von einem Nichtberechtigten eingelegt worden ist oder nach dem Gesetz unzulässig war und das erstinstanzliche Gericht die Verwerfung der Berufung [§ 238 Abs. (2)] versäumt hat;
c) der Beschuldigte nach der Fällung des erstinstanzlichen Urteils gestorben ist oder wenn er infolge Begnadigung oder Verjährung nicht strafbar ist;

---

[51] Verletzung von Verfahrensvorschriften: §§ 247 und 256. — Vorläufige Festnahme: §§ 120, 220.

d) der Beschuldigte nach der Fällung des erstinstanzlichen Urteils sich an einem unbekannten Ort aufhält [§ 183 Abs. (1)] und der Durchführung der Verhandlung [§ 249 Abs. (1)] nach der Beurteilung des Gerichts ein Hindernis entgegensteht; oder aber der Beschuldigte nach der Fällung des erstinstanzlichen Urteils in Geisteskrankheit verfallen ist [§ 178 Abs. (1) d)];
e) das in erster Instanz erkennende Gericht trotz Fehlens des für das Verfahren erforderlichen Strafantrags, der Anzeige oder des Verlangens ein Urteil gefällt hat;
f) das Verbrechen bereits früher rechtskräftig abgeurteilt worden ist;
g) die in § 247 bezeichneten Vorschriften des Verfahrens verletzt wurden;
h) die Berufung sich ausschließlich gegen denjenigen Teil des Urteils, der sich auf die Kosten des Strafverfahrens bezieht, richtet.

§ 245

(1) Die Senatssitzung ist öffentlich (§ 10). In der Senatssitzung wird die Sache von dem vom Vorsitzenden bezeichneten Richter in dem notwendigen Rahmen vorgetragen und über den Inhalt der Akten Bericht erstattet. Der Staatsanwalt (Privatkläger), der Beschuldigte und der Verteidiger können sich äußern.

(2) Die Liste der an einem Tag in der Senatssitzung zu verhandelnden Sachen ist beim Berufungsgericht spätestens fünf Tage vor der Senatssitzung anzuschlagen. Erachtet es der Vorsitzende des Senats für notwendig, so kann er über den Zeitpunkt der Senatssitzung die Beteiligten [§ 250 Abs. (1) und (2)] mit einer besonderen Benachrichtigung in Kenntnis setzen; das Ausbleiben des Benachrichtigten hindert nicht die Durchführung der Verhandlung.

Entscheidungen auf Grund der Senatssitzung

§ 246

(1) In dem in § 244 unter a) bezeichneten Falle übersendet das zweitinstanzliche Gericht die Akten an dasjenige Gericht oder an diejenige andere Behörde, zu dessen bzw. zu deren sachlicher und örtlicher Zuständigkeit die Überprüfung der Berufung gehört;
in dem unter b) bezeichneten Falle weist es die Berufung zurück;
in den unter c), e) und f) bezeichneten Fällen hebt es das Urteil auf und stellt das Verfahren ein;
in dem unter d) bezeichneten Fall setzt es das Verfahren aus;
in dem unter h) bezeichneten Fall weist es die unbegründete Berufung zurück;
ansonsten ändert es den die Verfahrenskosten betreffenden Teil des erstinstanzlichen Urteils.

(2) Die die Einziehung, Vermögenseinziehung oder Feststellung des zivilrechtlichen Anspruchs betreffenden Anordnungen des Urteils sind

in den in § 244 unter c) und d) bezeichneten Fällen aufrechtzuhalten, vorausgesetzt, daß hinsichtlich dieser Fragen keine Berufung eingelegt wurde oder die Berufung hinsichtlich dieser Fragen unbegründet ist.

§ 247

(1) Das zweitinstanzliche Gericht hebt das Urteil des in erster Instanz erkennenden Gerichts auf und verweist das erstinstanzliche Gericht zu einem neuen Verfahren, wenn

a) das Gericht nicht ordnungsgemäß besetzt war;
b) an der Urteilsfällung ein im Sinne des Gesetzes ausgeschlossener Richter oder ein Richter teilgenommen hat, der in der Verhandlung nicht bis zum Schluß anwesend war;
c) das Gericht seine sachliche Zuständigkeit überschritten bzw. sich bei einer zu seiner sachlichen Zuständigkeit gehörenden Sache für nicht zuständig erklärt hat oder eine die ausschließliche örtliche Zuständigkeit betreffende Rechtsnorm verletzt hat;
d) die Verhandlung ohne die Teilnahme einer Person abgehalten worden ist, deren Anwesenheit vom Gesetz bindend vorgeschrieben ist;
e) die Öffentlichkeit ohne gesetzlichen Grund ausgeschlossen worden ist.

(2) Hat die Verletzung von Verfahrensvorschriften die Interessen des Beschuldigten verletzt, so ist auf Grund des Abs. (1) das den Beschuldigten freisprechende Urteil bzw. sein freisprechender Teil nicht aufzuheben.

Beweisaufnahme im Berufungsverfahren

§ 248

(1) Im Berufungsverfahren ist die Beweisaufnahme dann statthaft, wenn die Feststellung des Tatbestandes durch das erstinstanzliche Gericht mangelhaft ist oder die Sache zum Teil nicht genügend aufgeklärt ist und der richtige Tatbestand durch Beweisaufnahme geringeren Umfangs festzustellen ist.

(2) Die Beweisaufnahme wird in den in Abs. (1) bezeichneten Fällen durch das zweitinstanzliche Gericht in einer der Berufungsverhandlung vorangehenden geschlossenen Sitzung oder in der Berufungsverhandlung angeordnet.

Ladung zur Berufungsverhandlung

§ 249

(1) Der Beschuldigte ist zur Verhandlung zu laden und der in Haft befindliche Beschuldigte vorzuführen, wenn zuungunsten des Beschuldigten Berufung eingelegt wurde oder in der Berufungsverhandlung eine Beweisaufnahme vorgenommen wird. Erscheint der Beschuldigte, der sich auf freiem Fuß befindet, trotz Ladung nicht in der Verhandlung oder wird festgestellt, daß die Ladung dem Beschuldigten des-

halb nicht zugestellt werden konnte, weil er sich an einem unbekannten Ort oder unter Verletzung oder Umgehung einer Rechtsnorm im Ausland aufhält, so kann die Verhandlung auch in seiner Abwesenheit durchgeführt werden; die Beweisaufnahme kann jedoch in Abwesenheit des Beschuldigten nur dann vorgenommen werden, wenn er sich unter Verletzung oder Umgehung einer Rechtsnorm im Ausland aufhält.

(2) Der Beschuldigte kann zur Verhandlung auch dann geladen werden, wenn das Gericht seine Anwesenheit für notwendig erachtet.

(3) Die Ladung ist dem Beschuldigten spätestens fünf Tage vor der Verhandlung zuzustellen. Wurde zuungunsten des Beschuldigten nach der Verhandlung Berufung eingelegt, so ist dies ihm in der Ladung auch mitzuteilen[52].

Benachrichtigung vom Zeitpunkt der Berufungsverhandlung

§ 250

(1) Außer den in § 249 Abs. (1) und (2) bezeichneten Fällen ist der Beschuldigte vom Zeitpunkt der Berufungsverhandlung zu benachrichtigen.

(2) Vom Zeitpunkt der Berufungsverhandlung ist in jedem Fall der Staatsanwalt und der Verteidiger, ferner der Privatkläger, der Verletzte bzw. deren Vertreter sowie diejenigen, die Berufung gegen das erstinstanzliche Urteil eingelegt haben, zu benachrichtigen.

(3) Die Benachrichtigung ist so auszufertigen, daß ihre Zustellung spätestens fünf Tage vor dem Verhandlungstermin erfolgt.

(4) In der Benachrichtigung ist darauf hinzuweisen, daß das Ausbleiben des Benachrichtigten die Durchführung der Verhandlung nicht hindert; diese Vorschrift bezieht sich nicht auf die Benachrichtigung des Staatsanwalts sowie im Falle der verbindlichen Verteidigung auf die Benachrichtigung des Verteidigers.

(5) Hat der Staatsanwalt den Wunsch geäußert, der Verhandlung beizuwohnen, so kann die Berufungsverhandlung ohne die Anwesenheit des Staatsanwalts nicht durchgeführt werden. Ist die Verteidigung verbindlich, so kann die Berufungsverhandlung ohne die Anwesenheit des bevollmächtigten Verteidigers bzw., wenn dieser nicht erscheint, ohne die Anwesenheit des bestellten Verteidigers nicht durchgeführt werden.

(6) Die Durchführung der Berufungsverhandlung ist nicht gehindert, wenn von deren Zeitpunkt der Beschuldigte deshalb nicht benachrichtigt werden konnte, weil seine Adresse sich inzwischen geändert hat und er seine Adreßänderung dem Gericht anzumelden versäumt hat, sowie auch dann nicht, wenn die Empfangsbestätigung über die ordnungsgemäß ausgefertigte Benachrichtigung bis zum Tage der Verhandlung bei dem zweitinstanzlichen Gericht nicht eintrifft.

[52] Vgl.: §§ 198 Abs. (4), 218 Abs. (2).

(7) Die Liste der an einem Tage zu verhandelnden Sachen ist bei dem Berufungsgericht spätestens fünf Tage vor der Verhandlung anzuschlagen.

Ausschließung des Wiedereinsetzungsantrags

§ 251

Gegen die Versäumung des Termins der Berufungsverhandlung findet keine Wiedereinsetzung statt.

Berufungsverhandlung

§ 252

(1) Im Berufungsverfahren sind die Vorschriften der Kapitel IX und X mit der folgenden Abweichung anzuwenden.

(2) In der Verhandlung wird über die Sache von dem vom Vorsitzenden des Senats bezeichneten Richter Bericht erstattet. Im Bericht erläutert dieser das erstinstanzliche Urteil, die Berufung und die Stellungnahmen zu der Berufung und den Inhalt der Akten, sofern deren Kenntnis zur Beurteilung der Berufung sowie zur Überprüfung des erstinstanzlichen Urteils notwendig ist. Die Mitglieder des Senats können Bericht über weitere Akten verlangen; auch der Staatsanwalt (Privatkläger), der Beschuldigte, der Verteidiger und die Privatpartei können um eine Ergänzung des Berichtes nachsuchen.

§ 253

Nach Beendigung des Berichts über die Sache ist die etwaige auf Grund des § 248 angeordnete Beweisaufnahme vorzunehmen, sodann werden die Schlußvorträge der hierzu Berechtigten (§ 215) gehört. Der Beschwerdeführer hält als erster den Schlußvortrag; hat auch der Staatsanwalt (Privatkläger) Berufung eingelegt, so ist er als erster anzuhören.

Entscheidungen in der Berufungsverhandlung

Grundsatz der Bindung an den Tatbestand und der Umstand, daß das Urteil der Grundlage entbehrt

§ 254

(1) Das zweitinstanzliche Gericht gründet seine Entscheidung auf den erstinstanzlich festgestellten Tatbestand. Entbehrt jedoch das Urteil der Grundlage, so ist es an den Tatbestand nicht gebunden.

(2) Das Urteil des erstinstanzlichen Gerichts entbehrt der Grundlage, wenn

a) die Feststellung des Tatbestandes mangelhaft ist, mit dem Inhalt der Akten in Widerspruch steht oder das Gericht aus den einzelnen festgestellten Tatsachen bezüglich weiterer Tatsachen unrichtige Folgerungen gezogen hat;

b) die Sache nicht genügend geklärt ist;

c) das Gericht seiner in § 231 Abs. (3) umschriebenen Pflicht nicht genügt hat und deshalb nicht festzustellen ist, auf welcher Grundlage das Urteil ergangen ist.

§ 255

(1) Ist der lückenlose bzw. der richtige Tatbestand auf Grund des Inhalts der Akten, der Anwendung richtiger sachlicher Folgerungen oder der durch das zweitinstanzliche Gericht vorgenommenen Beweisaufnahme [§ 248 Abs. (1)] zweifellos feststellbar, so wird der Tatbestand im Falle, daß das Urteil der Grundlage entbehrt, durch das zweitinstanzliche Gericht ergänzt bzw. berichtigt und das erstinstanzliche Urteil auf Grund des ergänzten bzw. berichtigten Tatbestandes überprüft; das zweitinstanzliche Gericht kann die Beweise nur bezüglich der Tatsachen, hinsichtlich deren es Beweisaufnahme vorgenommen hat, würdigen.

(2) Außer in dem in Abs. (1) bezeichneten Fall hebt das zweitinstanzliche Gericht das erstinstanzliche Urteil auf und weist das in erster Instanz erkennende Gericht an, ein neues Verfahren durchzuführen, vorausgesetzt, daß der Umstand, daß das Urteil der Grundlage entbehrt, auf die Schuldfeststellung oder die Strafzumessung wesentlichen Einfluß hatte.

(3) Die freisprechende Anordnung des erstinstanzlichen Urteils ist nicht aufzuheben, wenn nur der sonstige Teil des erstinstanzlichen Urteils der Grundlage entbehrt.

Verletzung von Verfahrensvorschriften

§ 256

(1) Das zweitinstanzliche Gericht hebt das erstinstanzliche Urteil auf und weist das in erster Instanz erkennende Gericht an, ein neues Verfahren durchzuführen, wenn eine in § 247 nicht genannte Verletzung von Verfahrensvorschriften geschah, die auf das Urteil einen wesentlichen Einfluß ausgeübt hat. Als eine solche ist es vornehmlich anzusehen, wenn den im Verfahren beteiligten Personen ihre gesetzlich zustehenden Rechte entzogen wurden oder deren Ausübung beschränkt wurde und hierdurch die richtige Aburteilung der Sache verhindert worden ist.

(2) Die in § 247 Abs. (2) bezeichnete Bestimmung ist auch in diesem Fall anzuwenden.

Verwarnung
Die Strafbarkeit ausschließende Gründe

§ 257

Das zweitinstanzliche Gericht hebt das erstinstanzliche Urteil auf und stellt das Verfahren ein, wenn es dem Beschuldigten unter Anwendung des § 60 StGB eine Verwarnung zuteil werden läßt oder wenn ein in § 244 c) nicht genannter, die Strafbarkeit ausschließender Grund vorliegt. Die in § 246 Abs. (2) bezeichnete Bestimmung ist auch in einem solchen Fall anzuwenden.

Verletzung des materiellen Strafrechts

§ 258

Das zweitinstanzliche Gericht ändert das Urteil des erstinstanzlichen Gerichts ab und fällt die dem Gesetz entsprechende Entscheidung, wenn das in erster Instanz erkennende Gericht ein materielles Strafgesetz unrichtig angewandt hat.

Zivilrechtlicher Anspruch

§ 259

(1) Entscheidet das zweitinstanzliche Gericht im Urteil ausschließlich über den den zivilrechtlichen Anspruch betreffenden Teil des Urteils des in erster Instanz erkennenden Gerichts und hält es die Berufung für unbegründet, so weist es die Berufung zurück; hält es die Berufung für begründet, so ändert es diesen Teil des Urteils. Kann das zweitinstanzliche Gericht in einem solchen Falle über den zivilrechtlichen Anspruch auf Grund der Akten keine Entscheidung treffen, so hebt es diesen Teil des erstinstanzlichen Urteils auf und verweist die Geltendmachung des zivilrechtlichen Anspruchs auf einen anderen gesetzlichen Weg.

(2) Das zweitinstanzliche Gericht kann über den zivilrechtlichen Anspruch eine Entscheidung zur Sache auch dann selbst treffen, wenn es auf Grund der Berufung des Staatsanwalts (Privatklägers) den Teil des erstinstanzlichen Urteils, der die Geltendmachung des Anspruchs auf einen anderen gesetzlichen Weg verweist, überprüft.

Fortsetzung des ausgesetzten Verfahrens

§ 260

Setzt das zweitinstanzliche Gericht das auf Grund des § 244 d) ausgesetzten Verfahren fort, so kann es die Anordnungen seines auf Grund des § 246 gefällten Beschlusses hinsichtlich der Einziehung, der Vermögenseinziehung und des zivilrechtlichen Anspruchs aufheben.

Zurückweisung der Berufung

§ 261

(1) Das zweitinstanzliche Gericht weist die Berufung zurück, wenn es die Berufung für unbegründet hält und das Urteil auch aus einem anderen Grunde nicht abzuändern oder aufzuheben ist.

(2) Die Berufung ist auch dann zurückzuweisen, wenn das erstinstanzliche Urteil zuungunsten des Beschuldigten abgeändert oder aufgehoben werden sollte, jedoch das Verbot der Strafverschärfung

(§ 264) die Abänderung hindert bzw. deswegen die Aufhebung zwecklos wäre.

(3) Die Begründung des die Berufung zurückweisenden Beschlusses hat — sofern zum Zwecke eines anderen Verfahrens nicht eine ausführliche Begründung benötigt wird — die Gründe der Zurückweisung nur kurzgefaßt zu enthalten.

Erweiterung der Vorschriften der Senatssitzung

§ 262

Das zweitinstanzliche Gericht fällt in der Verhandlung auch die Entscheidungen, die sonst nur in Senatssitzung (§§ 246—247) zu fällen sind, wenn es das Vorhandensein der als Grundlage dienenden Gründe in der Verhandlung wahrnimmt.

Inhalt des aufhebenden Beschlusses

§ 263

(1) Der aufhebende Beschluß hat den Inhalt des erstinstanzlichen Urteils, die Gründe für die Aufhebung, die Stellungnahme des zweitinstanzlichen Gerichts, sodann die Hinweise für das neue Verfahren mit der Weisung zu enthalten, von welchem Abschnitt an das Verfahren zu wiederholen ist.

(2) Das zweitinstanzliche Gericht kann anordnen, daß die Sache vor einem anderen Senat des erstinstanzlichen Gerichts oder vor einem anderen Gericht mit demselben Gerichtsstand verhandelt werden soll.

Verbot der Strafverschärfung

§ 264

(1) Die Schuldigsprechung des durch das erstinstanzliche Gericht freigesprochenen Beschuldigten und die Strafverschärfung des schuldig erklärten Beschuldigten kann nur auf Grund der zu seinen Ungunsten eingelegten Berufung erfolgen auch dann, wenn das zweitinstanzliche Gericht den Tatbestand ergänzt oder berichtigt hat.

(2) Wurde zuungunsten des Beschuldigten keine Berufung eingelegt und hebt das zweitinstanzliche Gericht das erstinstanzliche Urteil auf, so kann die Schuld des freigesprochenen Beschuldigten auch in dem darauffolgenden wiederholten Verfahren nicht festgestellt werden bzw. gegen den schuldig erklärten Beschuldigten nicht auf eine schwerere als die im erstmals gefällten erstinstanzlichen Urteil zugemessene Strafe erkannt werden.

(3) Die in Abs. (2) bezeichnete Vorschrift ist nicht maßgebend, wenn die Aufhebung auf Grund des § 247 Abs. (1) a)—c) erfolgt ist oder wenn während des wiederholten Verfahrens sich neue Beweise ergeben und das Gericht auf Grund derer neue Tatfeststellungen macht, demzufolge eine schwerere Qualifizierung anzuwenden oder auf eine wesentlich schwerere Strafe zu erkennen ist, oder aber —vorausgesetzt,

daß der Staatsanwalt (Privatkläger) die Anklage erweitert hat (§ 213) — der Beschuldigte auch hinsichtlich eines weiteren Verbrechens schuldig zu sprechen ist.

(4) Auch im Fall des Abs. (3) kann die Schuld des Beschuldigten nicht festgestellt bzw. gegen ihn auf eine schwerere Strafe nicht erkannt werden, soweit das zweitinstanzliche Gericht das erstmals gefällte erstinstanzliche Urteil auf Grund des § 242 Abs. (2) und (3) aufgehoben hat.

Verfügungen nach Erledigung der Berufung

§ 265

(1) Nach Erledigung der Berufung werden die Akten mit den Ausfertigungen der Entscheidung vom zweitinstanzlichen Gericht an das in erster Instanz erkennende Gericht zurückgesandt. Entscheidet das zweitinstanzliche Gericht auf Grund einer Verhandlung, so wird auch das Verhandlungsprotokoll dem erstinstanzlichen Gericht übersandt.

(2) Das erstinstanzliche Gericht läßt die Entscheidung des zweitinstanzlichen Gerichts durch Zustellung bekanntmachen bzw. dem Beschuldigten zustellen (§ 94).

(3) Hat das zweitinstanzliche Gericht dem Beschuldigten eine Verwarnung zuteil werden lassen (§ 60 StGB) und war der Beschuldigte in der Berufungsverhandlung nicht zugegen, so verkündet das erstinstanzliche Gericht die Entscheidung des zweitinstanzlichen Gerichts dem Beschuldigten und nimmt die Verwarnung vor (§ 96).

Vorschriften über das wiederholte Verfahren

§ 266

(1) Das erstinstanzliche Gericht beurteilt die Sache nach Aufhebung des Urteils gemäß den Hinweisen des zweitinstanzlichen Gerichts.

(2) Das vom erstinstanzlichen Gericht im Rahmen der wiederholten Verhandlung gefällte neue Urteil kann nach den allgemeinen Bestimmungen durch Berufung angefochten werden.

§ 267

(1) Im wiederholten Verfahren kann statt der erneuten Vernehmung der Zeugen und Sachverständigen das Protokoll über ihre früheren Aussagen bzw. Gutachten vor dem Gericht verlesen werden.

(2) Die Vorschrift des Abs. (1) kann nicht angewendet werden, wenn

a) die Aufhebung auf Grund mangelhafter oder unrichtiger Feststellung des Sachverhalts [§ 254 Abs. (2) a] erfolgt ist oder

b) die Unterlassung der erneuten Vernehmung der Zeugen und Sachverständigen die notwendige Aufklärung des Tatbestandes gefährdet.

(3) Ist das Verfahren gegen den Beschuldigten wegen mehrerer Verbrechen eingeleitet und kann der bezügliche Tatbestand getrennt

werden, so ist nur die Vernehmung der Zeugen und Sachverständigen zu wiederholen, hinsichtlich derer die in Abs. (2) bezeichneten ausschließenden Gründe vorliegen.

(4) Im wiederholten Verfahren können zu Beginn der Vernehmung der Zeugen und Sachverständigen die Protokolle über ihre früheren Aussagen bzw. Gutachten vor dem Gericht verlesen werden. In diesem Fall ist der Zeuge (Sachverständige) darauf aufmerksam zu machen, daß er zu seiner verlesenen Aussage (Gutachten) Stellung nehmen, seine protokollierte Aussage (Gutachten) ergänzen oder abändern kann. Der Zeuge oder Sachverständige ist jedoch notfalls aufs neue ausführlich zu vernehmen.

Berufung gegen Beschlüsse

§ 268

(1) Gegen den Beschluß des erstinstanzlichen Gerichts ist — mit Ausnahme des in erster Instanz ergangenen Beschlusses des Obersten Gerichts — Berufung zulässig, sofern diese nicht vom Gesetz ausgeschlossen wird[53].

(2) Über die Berufung entscheidet das zweitinstanzliche Gericht.

(3) Gegen einen Beschluß können die in § 234 Abs. (1) I—III Bezeichneten und alle diejenigen, die durch eine Anordnung in dem Beschluß betroffen werden, Berufung einlegen.

(4) Wird der Beschluß durch Verkündung mitgeteilt, so ist die Berufung anläßlich der Verkündung mündlich einzulegen; eine eingehende Begründung kann binnen acht Tagen eingereicht werden. Ist der Beschluß durch Zustellung mitgeteilt worden, so ist die Berufung mit ihrer Begründung binnen acht Tagen nach der Zustellung mündlich oder schriftlich einzulegen.

(5) Die Berufung hat hinsichtlich der Vollstreckung des angefochtenen Beschlusses nur in den Fällen aufschiebende Wirkung, in denen dies vom Gesetz angeordnet wird. Doch kann bei Vorliegen eines schwerwiegenden Grundes der Vollzug des Beschlusses von dem erstinstanzlichen wie auch von dem zweitinstanzlichen Gericht bis zur Entscheidung über die Berufung ausgesetzt werden.

---

[53] Ausgeschlossen: nach § 26 Abs. (4) in der Frage des Ausschlusses von Richtern; nach § 79 Abs. (4) gegen die Entscheidung, die dem Wiedereinsetzungsgesuch stattgibt; nach §§ 185 und 187 Abs. (3) gegen einzelne in vorbereitender Sitzung ergangene Beschlüsse; nach § 212 Abs. (2) gegen den Beschluß in der Frage der Ergänzung der Beweisaufnahme; nach §§ 289 Abs. (5) und 291 Abs. (2) in der Frage der bedingten Haftentlassung; nach § 297 Abs. (1) wegen der Anordnung der Festnahme auf Ersuchen einer ausländischen Behörde um Auslieferung; nach § 321 Abs. (3) gegen den Beschluß, in dem die Verbindung von Strafsachen gegen Jugendliche und Erwachsene angeordnet wird.

§ 269

(1) Die Entscheidung über die gegen den Beschluß eingelegte Berufung erfolgt in geschlossener Sitzung durch Beschluß.

(2) Ist in der Berufung über die Frage:

a) der in der Verhandlung erfolgten Einstellung oder Aussetzung des Verfahrens,
b) der Einziehung (§ 285),
c) der Einstellung oder der Aufrechterhaltung der Zwangsheilbehandlung zu beschließen,

so wird vom Berufungsgericht eine Verhandlung durchgeführt[54].

(3) Sofern sich aus dem Gesetz nichts anderes ergibt, sind die Bestimmungen, die sich auf die gegen ein Urteil eingelegte Berufung beziehen, auch für die gegen einen Beschluß eingelegte Berufung entsprechend anzuwenden.

XII. Kapitel

WIEDERAUFNAHME DES VERFAHRENS. — RECHTSMITTEL IM INTERESSE DER GESETZLICHKEIT

Wiederaufnahme des Verfahrens

§ 270

(1) In einer durch rechtskräftige Entscheidung des Gerichts abgeschlossenen Sache findet die Wiederaufnahme des Verfahrens statt, wenn:

1. im Grundverfahren eine falsche oder gefälschte Urkunde als echt zum Beweis verwendet worden ist oder eine falsche Zeugenaussage bzw. ein falsches Sachverständigengutachten (Übersetzung) vorgelegt worden ist;
2. ein Mitglied des Gerichts in Verbindung mit dem Verfahren seine Amtspflicht in einer gegen das Strafgesetz verstoßenden Weise verletzt hat;
3. hinsichtlich der Beschuldigten wegen desselben Verbrechens mehrere Urteile ergangen sind;
4. hinsichtlich einer im Grundverfahren vorgebrachten oder nicht vorgebrachten Tatsache ein neues Beweismittel beigebracht worden ist, das es wahrscheinlich macht, daß der Beschuldigte freizusprechen ist oder nur wegen eines milderen Verbrechens schuldig gesprochen werden kann bzw. daß der Beschuldigte zu verurteilen ist.

(2) Im Fall des Abs. (1) Ziff. 1 und 2 findet eine Wiederaufnahme des Verfahrens nur dann statt,

a) wenn das als Grund zur Wiederaufnahme genannte Verbrechen auf die Entscheidung des Gerichts Einfluß hatte, und

---

[54] Aufhebung der Zwangsheilbehandlung: § 287.

b) wenn das als Grund der Wiederaufnahme genannte Verbrechen durch ein rechtskräftiges Urteil festgestellt worden ist oder eine solche Verurteilung nicht mangels Beweises, sondern aus einem anderen Grund ausgeschlossen war.

(3) Ist im Grundverfahren das Urteil in einer nach § 198 Abs. (4) in Abwesenheit des Beschuldigten durchgeführten Verhandlung ergangen, so ist die Wiederaufnahme des Verfahrens auch ohne die in der vorstehenden Bestimmung genannte Vorbedingung statthaft.

§ 271

(1) Eine Wiederaufnahme des Verfahrens findet zugunsten wie auch zuungunsten des Beschuldigten statt.

(2) Der Umstand, daß der Beschuldigte seine Strafe verbüßt hat, schließt die Wiederaufnahme des Verfahrens nicht aus; auch wird die Wiederaufnahme des Verfahrens zugunsten des Beschuldigten nicht dadurch ausgeschlossen, daß die Strafbarkeit des Beschuldigten erloschen ist.

(3) Eine Wiederaufnahme des Verfahrens zuungunsten des Beschuldigten findet nur zu Lebzeiten des Beschuldigten und nur innerhalb der Verjährungsfrist statt; diese Beschränkung bezieht sich nicht auf die Wiederaufnahme des Verfahrens zugunsten des Beschuldigten.

§ 272

(1) Der Staatsanwalt kann die Wiederaufnahme des Verfahrens zugunsten des Beschuldigten wie auch zu dessen Ungunsten beantragen. Wenn einem Gericht oder einer anderen Behörde ein Umstand bekannt wird, auf Grund dessen eine Wiederaufnahme des Verfahrens beantragt werden kann, so besteht die Pflicht, hiervon denjenigen Staatsanwalt zu benachrichtigen, der bei dem im Grundverfahren in erster Instanz erkennenden Gericht tätig ist.

(2) Zuungunsten des Beschuldigten kann der Privatkläger nur dann um Wiederaufnahme des Verfahrens nachsuchen, wenn der Beschuldigte nicht schuldig befunden worden ist.

(3) Zugunsten des Beschuldigten kann um die Wiederaufnahme des Verfahrens nachgesucht werden:

a) vom Beschuldigten selbst oder an seiner Statt von seinem Ehegatten;
b) vom Verteidiger und zwar auch gegen den ausdrücklichen Willen des Beschuldigten;
c) von jedem Verwandten des Beschuldigten in gerader Linie, doch nur nach dessen Tode.

(4) Auf der Grundlage des § 270 Abs. (3) können nur die zugunsten des Beschuldigten Befugten und nur in dem Fall um Wiederaufnahme des Verfahrens nachsuchen, wenn sich der Beschuldigte wieder auf dem Landesgebiet befindet.

§ 273

(1) Das Gesuch um Wiederaufnahme des Verfahrens ist bei dem Staatsanwalt, der bei dem erstinstanzlichen Gericht tätig ist, schriftlich einzulegen oder mündlich zu Protokoll zu geben. Im Gesuch sind der Grund des Gesuches und die Beweise anzugeben; doch ist die mangelhafte Bezeichnung des Grundes an sich kein Hindernis für die Wiederaufnahme des Verfahrens.

(2) Der Staatsanwalt prüft das bei ihm eingelegte Gesuch um Wiederaufnahme des Verfahrens; ist es offensichtlich unbegründet, so verwirft er es durch einen begründeten Beschluß.

(3) Hält der Staatsanwalt das Wiederaufnahmegesuch für begründet oder wird von ihm selbst die Initiative dazu ergriffen, so hat er die Pflicht, für die nötigen Ermittlungen zu sorgen.

(4) Hält der Staatsanwalt nach dem Ergebnis der Ermittlungen die Wiederaufnahme des Verfahrens für notwendig, so legt er seinen Wiederaufnahmeantrag mit den Akten dem nach dem in erster Instanz erkennenden Gericht zuständigen Komitatsgericht — als zweitinstanzlichem Gericht — vor. Hat jedoch im Grundverfahren in erster Instanz das Komitatsgericht oder das Oberste Gericht erkannt oder das Oberste Gericht auf Grund einer Gesetzlichkeitsverwahrung selber eine Entscheidung in der Sache getroffen, so legt der Staatsanwalt den Wiederaufnahmeantrag über den Obersten Staatsanwalt dem Obersten Gericht vor.

(5) Das Wiederaufnahmegesuch, das sich als unbegründet erwiesen hat, wird vom Staatsanwalt abgelehnt; gegen die Ablehnung ist beim Obersten Staatsanwalt Beschwerde zulässig. In dem im § 270 Abs. (3) bezeichneten Fall kann das Wiederaufnahmegesuch nicht abgelehnt werden.

§ 274

(1) Das Gericht entscheidet über den Antrag auf Wiederaufnahme des Verfahrens in geschlossener Sitzung. Hält es ihn für begründet, so ordnet es die Wiederaufnahme des Verfahrens an und verweist die Sache an das in erster Instanz erkennende Gericht zur Verhandlung in der Sache selbst; gleichzeitig kann es die Vollstreckung jeder im Grundverfahren ergangenen Anordnung aussetzen bzw. unterbrechen oder die nötige sichernde Verfügung erlassen[55].

(2) Hält das Gericht den Antrag auf Wiederaufnahme des Verfahrens für unbegründet, so verwirft es ihn durch Beschluß, indem es die Akten mit den Ausfertigungen seiner Entscheidung an das erstinstanzliche Gericht, das das Grundverfahren durchgeführt hat, zurücksendet.

(3) Das erstinstanzliche Gericht läßt die Entscheidung dem Staatsanwalt sowie demjenigen zustellen, der das Gesuch um Wiederauf-

[55] Sicherungsmaßnahmen: vorläufige Festnahme (§§ 120—126); Verbot den Wohnsitz zu verlassen (§ 127); vorläufige Zwangsheilbehandlung oder häusliche Pflege (§ 128).

nahme des Verfahrens eingereicht hat; im Falle des Abs. (1) benachrichtigt es — unter gleichzeitiger Festsetzung des Verhandlungstermins — alle Beteiligten, die durch die Anordnung der Wiederaufnahme betroffen wurden.

§ 275

(1) Im Falle der Wiederaufnahme des Verfahrens sind auf die Verhandlung des erstinstanzlichen Gerichts die Bestimmungen des IX. Kapitels, auf die aus der Verhandlung ergangenen Entscheidungen hingegen die Bestimmungen des X. Kapitels mit den sich aus dem Charakter der Wiederaufnahme des Verfahrens ergebenden sinngemäßen Abweichungen anzuwenden.

(2) Dem Beschuldigten ist — wenn dies noch nicht geschehen ist — mit dem Ladungsbeschluß der Beschluß über die Anordnung der Wiederaufnahme des Verfahrens zuzustellen; in der Verhandlung sind statt der Anklageschrift die mit der Wiederaufnahme des Verfahrens angefochtene Entscheidung und der Beschluß über die Anordnung des Wiederaufnahmeverfahrens vorzutragen.

§ 276

(1) Erachtet das Gericht nach den Ergebnissen der Verhandlung in der Sache, daß die Wiederaufnahme des Verfahrens zu einem Erfolg geführt hat, so hebt es das in erster Instanz ergangene Urteil in vollem Umfang oder den entsprechenden Teil auf und fällt ein neues Urteil, wenn es hingegen die Wiederaufnahme des Verfahrens als gescheitert erachtet, so hält es das im Grundverfahren ergangene Urteil unter Abweisung des Wiederaufnahmeantrags aufrecht.

(2) Ist die Wiederaufnahme des Verfahrens zugunsten des Beschuldigten beantragt worden, so kann das Urteil nicht zuungunsten des Beschuldigten abgeändert werden.

§ 277

Die Bestimmungen der §§ 274—276 sind auch dann entsprechend anzuwenden, wenn die Wiederaufnahme des Verfahrens gegen einen rechtskräftigen Einstellungsbeschluß beantragt worden ist.

§ 278

Gegen Beschlüsse, die während des Wiederaufnahmeverfahrens ergangen sind, kann nach den allgemeinen Vorschriften Berufung eingelegt werden.

§ 279

Im Falle der Wiederaufnahme des Verfahrens ist über den durch das Urteil sachlich abgeurteilten zivilrechtlichen Anspruch erneut zu entscheiden, wenn dies vom Staatsanwalt, vom Beschuldigten oder von der Privatpartei beantragt wird. Eine Wiederaufnahme des Verfahrens nur über den zivilrechtlichen Anspruch kann jedoch nur vor dem Zivilgericht oder vor einer sonst zur Entscheidung über den Anspruch zuständigen Behörde aus den dafür genannten Gründen und gemäß dem dafür angeordneten Verfahren stattfinden; in diesem Verfahren wird vom erkennenden Zivilgericht oder der anderen das Verfahren durchführenden Behörde derjenige Teil des strafgerichtlichen Urteils, der sich auf den zivilrechtlichen Anspruch bezieht, auf dieselbe Weise einer erneuten Beurteilung unterzogen, wie wenn das Urteil auf Grund eines von ihnen durchgeführten Verfahrens ergangen wäre.

Gesetzlichkeitsverwahrung

§ 280

Der Oberste Staatsanwalt oder der Vorsitzende des Obersten Gerichts ist befugt, gegen die rechtskräftige Entscheidung, die von irgendeinem Gericht in einer Strafsache ergangen ist, beim Obersten Gericht Gesetzlichkeitsverwahrung einzulegen, wenn die Entscheidung die Gesetze verletzt oder der Grundlage entbehrt.

§ 281

(1) Die Gesetzlichkeitsverwahrung hat keine aufschiebende Wirkung; der Oberste Staatsanwalt bzw. der Vorsitzende des Obersten Gerichts kann jedoch bis zur Entscheidung des Obersten Gerichts die Vollstreckung der von ihm durch Gesetzlichkeitsverwahrung angefochtenen Entscheidung aussetzen, unterbrechen oder die nötigen Sicherungsmaßnahmen anordnen.

(2) Über die Gesetzlichkeitsverwahrung entscheidet ein entsprechendes Kollegium des Obersten Gerichts, das aus drei Berufsrichtern besteht; richtet sich aber die Verwahrung gegen eine Entscheidung des Obersten Gerichts, so entscheidet der Vorsitzendenrat des Obersten Gerichts in öffentlicher Sitzung.

(3) Zur Sitzung ist der Oberste Staatsanwalt zu laden, während die übrigen Beteiligten unter Mitteilung einer Abschrift der Gesetzlichkeitsverwahrung vom Sitzungstermin zu benachrichtigen sind. Wurde die Gesetzlichkeitsverwahrung zuungunsten des Beschuldigten eingelegt, so ist der Beschuldigte zur Sitzung zu laden, und wenn er keinen Verteidiger hat, so ist für ihn ein Verteidiger zu bestellen. Die Sitzung kann ohne die Teilnahme des Obersten Staatsanwalts oder seines Vertreters sowie, wenn die Gesetzlichkeitsverwahrung zuungunsten des Beschuldigten eingelegt wurde, ohne die Anwesenheit des Verteidigers und des in Haft befindlichen Beschuldigten nicht abgehalten werden.

(4) Die benachrichtigte Person kann zu der Gesetzlichkeitsverwahrung bis zum Sitzungstag Stellung nehmen und in der Sitzung das Wort ergreifen.

(5) Über die Sitzung ist ein Protokoll aufzunehmen.

§ 282

(1) Erachtet das Oberste Gericht die Gesetzlichkeitsverwahrung für begründet, so erklärt es, daß die angefochtene Entscheidung das Gesetz verletzt oder der Grundlage entbehrt.

(2) War das erkennende Gericht sachlich nicht zuständig oder ist ein Gesetz verletzt worden, das eine ausschließliche örtliche Zuständigkeit anordnet, so hebt das Oberste Gericht zugleich auch die angefochtene Entscheidung auf und verweist die Sache an dasjenige Gericht oder an diejenige andere Behörde, deren sachlicher (örtlicher) Zuständigkeit sie unterliegt.

(3) Im Falle des Abs. (2) entscheidet das Oberste Gericht gleichzeitig mit der Aufhebung auch in der Frage der Inhaftierung des Beschuldigten bzw. ordnet es die notwendigen Sicherungsmaßnahmen an.

(4) Das Oberste Gericht kann außer auf Grund der in Abs. (1) gemachten Feststellungen die angefochtene Entscheidung aufheben; es kann dabei die Sache zur erneuten Verhandlung an das Gericht zurückverweisen, das die gesetzesverletzende Entscheidung erlassen hat, oder selber eine Entscheidung in der Sache treffen. Es kann gleichzeitig mit der Aufhebung die Vollstreckung der Entscheidung aussetzen, unterbrechen bzw. die nötigen Sicherungsmaßnahmen anordnen.

(5) Als Folge einer Gesetzlichkeitsverwahrung kann eine für den Beschuldigten nachteiligere Anordnung als die, die in der aufgehobenen ausgesprochen war, nur dann getroffen werden, wenn von dem Eintritt der Rechtskraft der angefochtenen Entscheidung bis zur Einlegung der Gesetzlichkeitsverwahrung noch kein Jahr vergangen ist.

(6) Das unbegründete Rechtsmittel wird vom Obersten Gericht zurückgewiesen.

(7) Außer in den Fällen der Abs. (2) bis (5) hat die Entscheidung für die Parteien und die übrigen Beteiligten keine Wirkung.

XIII. Kapitel
BESONDERE ARTEN DES VERFAHRENS

Gesamtstrafenbildung

§ 283

(1) Für eine Gesamtstrafe (StGB §§ 72—75 und 99) ist, im Falle die Strafen von Gerichten mit der gleichen sachlichen Zuständigkeit ausgesprochen werden, dasjenige Gericht zuständig, das sich mit der zuletzt abgeschlossenen Sache erstinstanzlich befaßt hat; sonst hat das Gericht mit der höheren sachlichen Zuständigkeit zu entscheiden. Hat wegen eines der Verbrechen das Oberste Gericht in erster Instanz erkannt oder ein solches Gericht, das zu der Beurteilung eines Verbrechens ausschließlich örtlich zuständig ist, so erkennt das Oberste Gericht bzw. das Gericht mit ausschließlicher örtlicher Zuständigkeit auf die Gesamtstrafe.

(2) Das Verfahren wird auf Antrag des Staatsanwalts oder des Beschuldigten oder aber von Amts wegen eingeleitet.

(3) Das Gericht entscheidet über die Sache — notfalls nach vorangehender Anhörung des Staatsanwalts und des Beschuldigten —in geschlossener Sitzung und beschließt die Gesamtstrafenbildung durch Urteil; die Ablehnung derselben erfolgt durch Beschluß. Die Entscheidung des Gerichts ist dem Staatsanwalt, dem Beschuldigten und dem Verteidiger durch Zustellung bekanntzugeben.

(4) Gegen die erstinstanzliche Entscheidung können der Staatsanwalt, der Beschuldigte oder an seiner Statt sein Ehegatte und der Verteidiger Berufung einlegen.

(5) Über die Berufung entscheidet das zweitinstanzliche Gericht ebenfalls in geschlossener Sitzung.

(6) Für die Gesamtstrafenbildung aus den durch die rechtskräftigen Urteile eines Strafgerichts und eines Militärgerichts verwirkten Strafen ist § 355 Abs. (1) maßgebend.

Die nachträgliche Anordnung der Vollstreckung der ausgesetzten Strafe

§ 284

(1) Das erstinstanzliche Gericht hebt die Anordnung des rechtskräftigen Urteils über die Strafaussetzung auf, wenn es während der Probezeit feststellt, daß eine Aussetzung infolge der in StGB § 70 Abs. (5) unter b) oder c) bestimmten ausschließenden Gründe nicht statthaft war.

(2) Das Verfahren wird auf Antrag des Staatsanwalts oder von Amts wegen eingeleitet. Auf das Verfahren sind ansonsten die in § 283 Abs. (3) und (4) bezeichneten Bestimmungen entsprechend anzuwenden, mit der Maßgabe, daß die Anordnung über die Strafaussetzung durch Beschluß aufzuheben ist.

Objektives Verfahren bei Einziehungen

§ 285

(1) Wenn nach dem Strafgesetz die Einziehung anzuordnen ist, das Verfahren gegen den Beschuldigten aber eingestellt worden ist bzw. der Beschuldigte sich an einem unbekannten Ort oder im Ausland aufhält oder gegen ihn das Verfahren wegen einer nach der Begehung des Verbrechens aufgetretenen Geisteskrankheit ausgesetzt oder ein Verfahren gegen Niemand eingeleitet worden ist, so entscheidet in der Frage der Einziehung — auf Antrag des Staatsanwaltes — das Gericht.

(2) Für das Verfahren ist dasjenige Gericht zuständig, das zur Aburteilung des der Einziehung zugrunde liegenden Verbrechens zuständig wäre; ist dieses aber nicht zu ermitteln, so ist das Gericht zuständig, an welches sich der Staatsanwalt zum Zwecke der Anordnung der Einziehung wendet.

(3) Erscheint der Antrag begründet, so kann das Gericht die Einziehung auch ohne Verhandlung in geschlossener Sitzung unter sinngemäßer Anwendung der §§ 192—196 aussprechen. Ansonsten beschließt das Gericht über den Antrag nach der nötigen Beweisaufnahme in einer Verhandlung.

(4) Zur Verhandlung sind nach Möglichkeit alle diejenigen zu laden, die auf die im Antrag bezeichnete Sache einen Anspruch haben können; sind sie aber unbekannt oder befinden sie sich an einem unbekannten Ort, so ist für sie ein Verteidiger zu bestellen. Die Geladenen können die dem Beschuldigten zustehenden Rechte ausüben, doch hindert ihr Ausbleiben die Durchführung der Verhandlung nicht.

(5) Für die Kosten, die im Einziehungsverfahren erwachsen, sind die Bestimmungen des XV. Kapitels sinngemäß anzuwenden.

(6) Die vorstehenden Vorschriften sind auch in denjenigen Fällen entsprechend anzuwenden, in denen das Strafgesetz die Verpflichtung zur Zahlung des unter die Einziehung fallenden Wertes festsetzt[56].

Anrechnung der vorläufigen Festnahme und nachträgliche Anordnung der Einziehung

§ 286

(1) Enthält das rechtskräftige Urteil über die Anrechnung der vorläufigen Festnahme (StGB § 77) keine oder eine dem Gesetz nicht entsprechende Anordnung, so entscheidet das in erster Instanz erkennende Gericht — wenn notwendig nach der Anhörung des Staatsanwalts, des Beschuldigten und des Verteidigers — in geschlossener Sitzung.

(2) Wird in der Sache, nachdem das Verfahren durch rechtskräftiges Urteil abgeschlossen worden ist, die Einziehung notwendig und kann von einer neuen Beweisaufnahme abgesehen werden, so verfährt das in erster Instanz erkennende Gericht auf die in Abs. (1) bezeichnete Weise. Kann von der Beweisaufnahme nicht abgesehen werden, so ist auf das Verfahren § 285 entsprechend anzuwenden.

(3) Die in Abs. (2) bezeichnete Vorschrift ist auch in den Fällen maßgebend, in denen das Strafgesetz zur Zahlung des unter die Einziehung fallenden Wertes verpflichtet.

Aufhebung der Zwangsheilbehandlung

§ 287

(1) Im Falle der gegen den Beschuldigten angeordneten Zwangsheilbehandlung wird von dem Gericht, das in erster Instanz erkannt hat, drei Monate vor Ablauf eines Jahres, gerechnet von der Vornahme der Zwangsheilbehandlung, die Sache erneut geprüft und wenn fest-

[56] Einziehung: siehe StGB § 63; Verpflichtung zur Zahlung des unter die Einziehung fallenden Wertes: StGB: § 250 Abs. (4).

gestellt wird, daß die Notwendigkeit der Zwangsheilbehandlung schon nicht mehr besteht, die Zwangsheilbehandlung aufgehoben. Dieses Verfahren ist jährlich solange zu wiederholen, bis die Zwangsheilbehandlung aufgehoben wird.

(2) Für die Aufhebung der Zwangsheilbehandlung ist — auf Antrag des Staatsanwalts — auch das mit dem im Grundverfahren in erster Instanz erkennenden Gericht gleichweise sachlich zuständige Gericht, auf dessen Gebiet die in Zwangsheilbehandlung befindliche Person behandelt wird, örtlich zuständig.

(3) Die Zwangsheilbehandlung ist außer dem in Abs. (1) bezeichneten Fall auch dann aufzuheben, wenn das Gericht — als Ergebnis des entweder auf Antrag des Staatsanwalts, auf Ersuchen der in Zwangsheilbehandlung befindlichen Person, ihres Ehegatten, gesetzlichen Vertreters oder Verteidigers oder auf Vorschlag des Anstaltsvorstehers (behandelnden Arztes) eingeleiteten Verfahrens —feststellt, daß die Notwendigkeit der Zwangsheilbehandlung nicht mehr besteht.

(4) Das Gericht kann gleichzeitig mit der Anordnung der Entlassung aus der Heilanstalt auch so entscheiden, daß die Zwangsheilbehandlung in mit Heilbehandlung verbundener häuslicher Pflege fortzusetzen ist. Auch im Falle der in häuslicher Pflege durchgeführten Zwangsheilbehandlung sind die Bestimmungen der Abs. (1) und (3) anzuwenden.

(5) Über die Aufhebung der Zwangsheilbehandlung sowie im Falle des Abs. (4) entscheidet das Gericht in einer Verhandlung. In der Verhandlung ist der Staatsanwalt, der Verteidiger und — je nach den Umständen — die in Zwangsheilbehandlung befindliche Person anzuhören. Das Gericht kann, wenn es nach den Umständen des Falles erforderlich ist, auch die Vernehmung derjenigen Person anordnen, die in der Anstalt die psychiatrische Aufsicht über den in Zwangsheilbehandlung Befindlichen gehabt hat. Die im zweiten Satz des § 66 Abs. (2) bezeichnete Bestimmung ist anzuwenden.

Umwandlung der Besserungs-Erziehungs-Arbeit in Freiheitsstrafe

§ 288

(1) Ist eine rechtskräftige Besserungs-Erziehungs-Arbeit in Freiheitsstrafe umzuwandeln (StGB § 44), so beantragt der Staatsanwalt die Umwandlung bei dem in erster Instanz erkennenden Gericht.

(2) Das Gericht entscheidet über den Antrag nach Anhörung des Beschuldigten und Vornahme der nötigen Beweisaufnahme in einer Verhandlung.

(3) Gibt das Gericht dem Antrag des Staatsanwalts statt, so hebt es den die Besserungs-Erziehungs-Arbeit festsetzenden Teil des vorherigen Urteils auf und setzt gleichzeitig den Betrag der Freiheitsstrafe, die an die Stelle der Besserungs-Erziehungs-Arbeit tritt, fest.

(4) Gegen die erstinstanzliche Entscheidung können der Staatsanwalt, der Beschuldigte oder an seiner Statt sein Ehegatte und der Verteidiger Berufung einlegen.

Bedingte Haftentlassung und Aufhebung der bedingten Haftentlassung

§ 289

(1) Über die bedingte Haftentlassung entscheidet das nach dem Ort des Kerkers (Strafvollstreckungs-Arbeitsplatz)[57] zuständige Komitatsgericht. In solchen Fällen verfährt der von dem Vorsitzenden des Komitatsgerichts bezeichnete Richter als Einzelrichter.

(2) Ist nach dem Gesetz die bedingte Haftentlassung nicht ausgeschlossen, so unterbreitet der Leiter des Strafvollzugsorgans dem Komitatsgericht fünfzehn Tage vor der Verbüßung von zwei Dritteln [StGB § 39 Abs. (1)] bzw. von drei Vierteln [StGB § 39 Abs. (2)] der Strafe in der Frage der bedingten Haftentlassung seinen Vorschlag; dem Vorschlag ist das Gutachten des Kerkerrates beizulegen.

(3) Das Gericht entscheidet nach der Prüfung des Vorschlags sowie nach der in nichtöffentlicher Sitzung erfolgten Anhörung des Beschuldigten und notfalls des Staatsanwalts, ferner des Leiters des Strafvollzugsorgans. Von dem Tage der Anhörung ist der Staatsanwalt und der Leiter des Strafvollzugsorgans zu verständigen; der Beschuldigte ist zwecks Anhörung vorzuführen.

(4) Das Gericht kann in seiner Entscheidung außer den allgemeinen Verhaltensregeln auch besondere Verhaltensregeln vorschreiben.

(5) Gegen die Entscheidung des Gerichts gibt es kein Rechtsmittel. Stellt das Gericht fest, daß seine Entscheidung gesetzwidrig ist, so ändert das Gericht seine Entscheidung von Amts wegen oder auf Antrag des Staatsanwalts.

§ 290

Hat das Gericht die bedingte Haftentlassung nach Verbüßung von zwei Dritteln der Strafe unterlassen, so kann es nach der Verbüßung von drei Vierteln der Strafe erneut prüfen, ob die Vorbedingungen der bedingten Haftentlassung bestehen[58].

---

[57] Die bisher einheitlich als Kerker bezeichnete Freiheitsstrafe wird nach dem StGB entweder als Kerker (schwerere) oder in einem als „Strafvollstreckungs-Arbeitskolonie“ bezeichneten Arbeitslager (mildere) verbüßt. Der Gesetzgeber ließ den zweifelhaften Ausdruck Arbeitslager, der im Entwurf noch als „munkatelep“ — Arbeitskolonie — getarnt erschien, fallen und schuf den neuen Ausdruck „büntetésvégrehajtási munkahely“. Ausschlaggebend waren praktische Erwägungen: „Es ist viel leichter, eine Arbeitskolonie zu schaffen, als einen Kerker zu bauen“. (Entwurf des Strafgesetzbuchs der Ungarischen Volksrepublik. Veröffentlicht und zur Diskussion gestellt durch den Beschluß des Justizministeriums Nr. 3131/1960, S. 158).

[58] Hinsichtlich der Militärpersonen siehe § 355.

§ 291

(1) Kann im Sinne des Strafgesetzes wegen Verletzung der Verhaltensregeln die Aufhebung der bedingten Haftentlassung angeordnet werden, so wendet sich der Staatsanwalt zu diesem Zweck an das nach dem Wohn- oder Aufenthaltsort des Beschuldigten zuständige Komitatsgericht. In solchen Fällen verfährt der von dem Vorsitzenden des Komitatsgerichts bezeichnete Richter als Einzelrichter.

(2) Das Gericht entscheidet über den Antrag des Staatsanwalts nach der Vornahme der nötigen Beweisaufnahme in nichtöffentlicher Sitzung; die Bestimmungen des § 289 Abs. (3) und (5) sind auch in diesem Fall maßgebend.

§ 292

Kann die Aufhebung der bedingten Haftentlassung deshalb ausgesprochen werden, weil der Beschuldigte während der Dauer der bedingten Haftentlassung ein Verbrechen begangen hat [StGB § 40 Abs. (3) und (4)], so entscheidet in der Frage der Aufhebung der bedingten Haftentlassung das wegen des neuen Verbrechens erkennende Gericht. Gegen die in dieser Frage gefällte Entscheidung des Gerichts gibt es kein besonderes Rechtsmittel.

Entschädigung

§ 293

(1) Ein Entschädigungsanspruch entsteht wegen der auf Grund der Entscheidung der Ermittlungsbehörde, des Staatsanwalts oder des Gerichts erlittenen vorläufigen Festnahme, wenn das Verbrechen, für das die vorläufige Festnahme angeordnet worden ist, nicht von dem festgenommenen Beschuldigten begangen wurde bzw. wenn es kein Verbrechen ist.

(2) Der Beschuldigte, der die Flucht ergriffen oder versucht hat, sie zu ergreifen, der bestrebt war, zur Vereitelung des Erfolgs des Strafverfahrens die Behörde irrezuführen oder der auf eine ihm zurechenbare Weise Grund dazu gegeben hat, daß der Verdacht des Verbrechens auf ihn gelenkt werden soll, kann keinen Anspruch auf Entschädigung haben.

§ 294

(1) Wegen einer auf Grund eines rechtskräftigen Urteils erlittenen Freiheitsstrafe hat der Beschuldigte Anspruch auf Entschädigung, wenn er im wiederaufgenommenen Verfahren bzw. infolge der Gesetzlichkeitsverwahrung rechtskräftig freigesprochen oder zu einer milderen Strafe verurteilt worden ist.

(2) Der Beschuldigte kann keine Entschädigung beanspruchen, wenn er:

a) im Grundverfahren die Tatsachen oder Beweise, die dem im Wiederaufnahmeverfahren ergangenen Urteil als Grundlage dienen, wissentlich verschwiegen hat;

b) gegen das verurteilende erstinstanzliche Urteil keine Berufung eingelegt hat.

(3) Im Falle einer auf Grund eines rechtskräftigen Urteils erlittenen Besserungs-Erziehungs-Arbeit ist der vom Arbeitslohn des Beschuldigten in Abschlag gebrachte Betrag sowie die auf Grund eines rechtskräftigen Urteils bezahlte Geldstrafe dem Beschuldigten zurückzuzahlen, wenn er im wiederaufgenommenen Verfahren bzw. infolge der Gesetzlichkeitsverwahrung rechtskräftig freigesprochen oder zu einer milderen Strafe verurteilt wurde.

§ 295

(1) Der Anspruch auf Entschädigung kann binnen sechs Monaten bei dem Gericht, das in erster Instanz erkannt hat, angebracht werden. Ist der Entschädigungsanspruch wegen der auf Grund der Entscheidung der Ermittlungsbehörde oder des Staatsanwalts erlittenen vorläufigen Festnahme entstanden und wurden die Ermittlungen eingestellt, so kann der Anspruch binnen sechs Monaten bei dem Komitatsgericht, auf dessen Gebiet die Ermittlungsbehörde bzw. der Staatsanwalt tätig ist, angebracht werden.

(2) Die in Abs. (1) bezeichnete Frist ist von jenem Tage an zu rechnen, an dem im Falle des § 293 das rechtskräftige freisprechende Urteil oder der Einstellungsbeschluß, im Falle des § 294 aber das im Verlauf des Wiederaufnahmeverfahrens bzw. infolge der Gesetzlichkeitsverwahrung ergangene rechtskräftige Urteil dem Beschuldigten mitgeteilt worden ist.

(3) Stirbt der Beschuldigte vor dem Abschluß des von ihm rechtzeitig eingeleiteten Wiederaufnahmeverfahrens oder stirbt er vor Ablauf der vorgeschriebenen Frist, ohne seinen Anspruch geltend zu machen, so können seine zum Unterhalt berechtigten Angehörigen um die Fortsetzung des Verfahrens nachsuchen bzw. binnen der vorgeschriebenen Frist den Entschädigungsanspruch geltend machen.

(4) Das Gericht, welches in erster Instanz das Verfahren durchgeführt hat, prüft in den Fällen des § 293 Abs. (1) und des § 294 Abs. (1) nach Einholung des staatsanwaltschaftlichen Gutachtens — als Einzelrichter — die Frage, ob die Vorbedingungen für den Entschädigungsanspruch gegeben sind; sodann unterbreitet es sämtliche Akten und den Bericht, der sich auch auf die Beurteilung des dem Anspruch zugrunde liegenden Sachverhaltes erstreckt, dem Justizminister, der über den Entschädigungsanspruch entscheidet und, wenn er den Anspruch für begründet erachtet, dem Beschuldigten bzw. seinen zum Unterhalt berechtigten Angehörigen zu Lasten des Staates den entsprechenden Geldbetrag zukommen läßt.

(5) Im Falle des § 294 Abs. (3) sorgt das Gericht, welches in erster Instanz das Verfahren durchgeführt hat — wenn die Vorbedingungen des Entschädigungsanspruchs bestehen — für die Rückerstattung.

Auslieferung

§ 296

(1) Ist gegen einen im Ausland befindlichen Beschuldigten, dem gegenüber die Auslieferung statthaft ist, ein Strafverfahren einzuleiten, so erläßt das Gericht auf Antrag des Staatsanwalts einen Haftbefehl; das Gericht erläßt ebenfalls einen Haftbefehl, wenn eine rechtskräftig erkannte Strafe gegen einen im Ausland befindlichen Beschuldigten zu vollstrecken ist. Der Haftbefehl wird vom Gericht zur Erwirkung der Auslieferung dem Justizminister vorgelegt.

(2) Die eingehenden Vorschriften über den Inhalt und die Beilagen der Vorlage werden unter Berücksichtigung der völkerrechtlichen Verträge (Übereinkommen) bzw. der Gegenseitigkeit vom Justizminister erlassen.

§ 297

(1) Wird von einer ausländischen Behörde um Auslieferung ersucht und ist ihrem Ersuchen ein Haftbefehl, Strafurteil oder ein anderer Beschluß, der die gleiche Wirkung wie diese hat, beigelegt, so ist die gewünschte Person — vorausgesetzt, daß die Auslieferung stattfinden kann (StGB § 8) — festzunehmen (Auslieferungsfestnahme). Gegen die Anordnung der Festnahme ist keine Berufung zulässig.

(2) Ist Gefahr im Verzug, so kann die Festnahme der gewünschten Person auf schriftliches, durch Depesche oder durch Fernsprecher übermitteltes Ersuchen der ausländischen Behörde, auch vor dem Eintreffen des Auslieferungsersuchens, angeordnet werden, wenn die Auslieferung statthaft ist.

(3) Sofern sich aus dem völkerrechtlichen Vertrag (Übereinkommen) oder der Gegenseitigkeit nichts anderes ergibt, ist die Festnahme aufzuheben, wenn das dem Abs. (1) entsprechende Ersuchen nicht binnen drei Monaten nach Vollzug der Festnahme eintrifft.

(4) Das Gericht prüft eiligst, ob die Voraussetzungen der Auslieferung vorliegen, hört in nichtöffentlicher Sitzung den Staatsanwalt und die gewünschte Person an; sodann unterbreitet es die Akten mit Bericht dem Justizminister.

(5) Für das Auslieferungsverfahren ist dasjenige Komitatsgericht zuständig, in dessen Gebiet die gewünschte Person wohnhaft ist oder sich befindet.

§ 298

(1) Über die Frage der Auslieferung entscheidet der Justizminister.

(2) Der Festgenommene kann, ausgenommen der Fall des § 297 Abs. (3), nur auf Grund des Beschlusses des Justizministers auf freien Fuß gesetzt werden.

Verfahren bezüglich der Befreiung von den an das bestrafte Vorleben sich anschließenden Nachteilen

§ 299

(1) Findet die nachträgliche Befreiung von den an das bestrafte Vorleben sich anschließenden Nachteilen (Rehabilitation) nach dem Gesetz durch richterliche Entscheidung statt, so kann der Beschuldigte entweder mündlich oder schriftlich unter Vorlage der nötigen Angaben und Beweise bei demjenigen Gericht darum nachsuchen, das in der Strafsache in erster Instanz entschieden hat. Im Falle von mehreren Verurteilungen entscheidet das Gericht der höheren Zuständigkeit, bei Gerichten mit gleicher Zuständigkeit aber jenes, welches die schwerste Strafe verhängt hat; sind die Strafen gleich schwer, so kann irgendeines der letztgenannten Gerichte entscheiden.

(2) Ist das Urteil durch ein Militärgericht ergangen, so ist für das Verfahren das Militärgericht zuständig, und zwar auch dann, wenn die von ihm verhängte Strafe durch ein bürgerliches Strafgericht zu einer Gesamtstrafe zusammengefaßt oder vereinigt worden ist.

(3) Im Falle der Verurteilung durch mehrere Urteile, ist vom Beschuldigten um die Aufhebung der an sämtliche Strafgerichtsurteile sich anschließenden Nachteile gemeinsam nachzusuchen[59].

§ 300

(1) Ist bereits aus dem Gesuch offenbar ersichtlich, daß die Voraussetzungen der Befreiung fehlen, so wird das Gesuch vom Gericht ohne Verhandlung abgelehnt. In den übrigen Fällen beschafft das Gericht die zur Beurteilung des Gesuchs nötigen Angaben und Beweise.

(2) Scheint es, daß das Gesuch auf Grund der zur Verfügung stehenden Angaben gewährt werden kann, und mißbilligt der Staatsanwalt die Gewährung nicht, so beschließt das Gericht, indem es von der Verhandlung Abstand nimmt, die Befreiung, ansonsten entscheidet es über das Gesuch nach Anhörung des Staatsanwalts und des Bittstellers sowie der Vornahme der nötigen Beweisaufnahme. Die Verhandlung ist nicht öffentlich.

§ 301

(1) Wird nachträglich festgestellt, daß die gerichtliche Befreiung von den an das bestrafte Vorleben sich anschließenden Nachteilen nach dem Gesetz ausgeschlossen ist, so wird die Entscheidung durch das erstinstanzliche Gericht, das auf die Befreiung erkannt hat, außer Kraft gesetzt.

(2) Das Verfahren wird auf Antrag des Staatsanwalts oder von Amts wegen eingeleitet. Das Gericht entscheidet in geschlossener Sitzung.

[59] Siehe die materiellrechtlichen Bestimmungen: StGB §§ 78—84; hinsichtlich der Jugendlichen StGB § 102 und der Militärpersonen StGB § 113.

Nachträgliche Verhängung der Nebenstrafen

§ 302

(1) Im Falle der Umwandlung der Todesstrafe durch Begnadigung in eine Freiheitsstrafe [StGB § 36 Abs. (4)] entscheidet dasjenige Gericht, das in der Sache in erster Instanz erkannt hat, über die Verhängung der Nebenstrafen.

(2) Das Gericht entscheidet in der Sache — notfalls nach der vorangehenden Anhörung des Staatsanwalts und des Beschuldigten — in geschlossener Sitzung und verhängt die Nebenstrafen im Urteil. Das Urteil des Gerichts ist dem Staatsanwalt, dem Beschuldigten und seinem Verteidiger durch Zustellung mitzuteilen.

(3) Gegen die erstinstanzliche Entscheidung können der Staatsanwalt, der Beschuldigte oder an seiner Statt sein Ehegatte und der Verteidiger Berufung einlegen.

(4) Die Berufung wird durch das zweitinstanzliche Gericht in geschlossener Sitzung überprüft.

Ausdehnung der Vermögenseinziehung

§ 303

Ist nachträglich festzustellen, ob die Vermögenseinziehung sich auch auf diejenigen Vermögensgegenstände erstreckt, die der Verüber an andere übertragen hat [StGB § 56 Abs. (2)], so verfährt das Gericht, das in der Sache in erster Instanz erkannt hat, unter sinngemäßer Anwendung der in § 285 bezeichneten Bestimmungen.

Abänderung der Anordnung des Urteils betreffend die Vermögenseinziehung im Falle einer Anspruchsanmeldung

§ 304

(1) Hat das Gericht rechtskräftig auf die Vermögenseinziehung eines bestimmten einzelnen Vermögensgegenstandes, der nicht Eigentum des Beschuldigten ist, erkannt, so kann derjenige, der auf den Vermögensgegenstand Anspruch erhebt, wegen der Geltendmachung des Anspruchs sich an das Gericht, das in erster Instanz erkannt hat, wenden.

(2) Das Gericht entscheidet über das Ersuchen nach Anhörung des Beschuldigten, des Anspruchstellers, des Vertreters des Justizministeriums und notfalls des Staatsanwalts sowie der übrigen an der Sache Beteiligten bzw. nach Beweisaufnahme in Verhandlung.

(3) Erachtet das Gericht den Anspruch für begründet, so hebt es den die Vermögenseinziehung betreffenden Teil des Urteils auf und erkennt auf Vermögenseinziehung hinsichtlich eines bestimmten Teiles oder Anteils des Vermögens des Beschuldigten bzw. bestimmter anderer einzelner Vermögensgegenstände.

(4) Gegen die erstinstanzliche Entscheidung können der Staatsanwalt, der Beschuldigte oder statt seiner sein Ehegatte und derjenige, der von der Entscheidung betroffen ist, Berufung einlegen.

XIV. Kapitel
VOLLSTRECKUNG DER STRAFENTSCHEIDUNGEN

§ 305

(1) Das Urteil kann nur vollstreckt werden, nachdem es in Rechtskraft erwachsen ist.

(2) Das Urteil des erstinstanzlichen Gerichts erwächst an demjenigen Tag in Rechtskraft, an dem die zur Berufung Berechtigten sich mit dem Urteil einverstanden erklärt, die Berufungsfrist versäumt oder die Berufung zurückgenommen haben bzw. an dem das zweitinstanzliche Gericht die Berufung zurückgewiesen hat. Das zweitinstanzliche Urteil erwächst mit seinem Ergehen in Rechtskraft.

(3) Hinsichtlich der Vollstreckbarkeit des Beschlusses ist § 268 Abs. (5) maßgebend.

(4) Die ohne Verhandlung verhängte Geldstrafe (§ 192) wird, wenn der Beschuldigte oder der Verteidiger nicht um die Anberaumung einer Verhandlung nachsucht, vollstreckbar.

(5) Die Vollstreckung der rechtskräftig erkannten Strafen gleichwie die Beitreibung der nach diesem Gesetz angeordneten Geldbußen und dem Staat zukommenden Strafverfahrenkosten obliegt dem Gericht.

§ 306

Sind für die Vollstreckung einer rechtskräftig verhängten Strafe gegen einen sich an einem unbekannten Ort aufhaltenden Beschuldigten Vorkehrungen zu treffen, so ordnet das Gericht — unter Berücksichtigung der in § 129 enthaltenen Vorschriften — die Wohnortsermittlung an, oder es erläßt gegen den Beschuldigten einen Haftbefehl.

§ 307

Verletzt der bedingt Haftentlassene die Verhaltensregeln, so erstattet darüber die Polizeibehörde dem zuständigen Staatsanwalt Bericht, und bestehen die Vorbedingungen der vorläufigen Festnahme, so wird der bedingt Haftentlassene durch die Polizeibehörde in Haft genommen.

§ 308

(1) Für den Antritt der Freiheitsstrafe und der Besserungs-Erziehungs-Arbeit kann der Vorsitzende des Senats aus einem schwerwiegenden Grund Aufschub gewähren.

(2) Die Unterbrechung der Freiheitsstrafe kann aus einem schwerwiegenden Grund vom Minister des Innern bewilligt werden.

(3) Der Vorsitzende des Senats kann für die Zahlung der Geldstrafe Aufschub gewähren und eine den Verhältnissen des Verurteilten angemessene Ratenzahlung bewilligen.

(4) Gegen die Entscheidung des Vorsitzenden des Senats gibt es kein Rechtsmittel.

§ 309

Die Todesstrafe ist an einem geschlossenen Ort durch den Strang oder durch Erschießung zu vollstrecken.

§ 310

(1) Die Todesstrafe kann nur dann vollstreckt werden, wenn dem Beschuldigten keine Begnadigung gewährt worden ist.

(2) Im Falle der Verhängung der Todesstrafe befragt der Vorsitzende nach Verkündung des Urteils den Beschuldigten auch darüber, ob er um Begnadigung nachsucht, und fordert den Verteidiger auf, binnen drei Tagen das Gnadengesuch einzureichen.

(3) Nach Verkündung des Urteils gibt das Gericht nach Anhörung des Staatsanwalts in geschlossener Sitzung ein begründetes Gutachten darüber ab, ob es den Beschuldigten der Begnadigung für würdig erachtet. Über die geschlossene Sitzung ist ein Protokoll aufzunehmen.

(4) Im Falle der Verhängung der Todesstrafe sind die Akten dem Obersten Gericht auch dann vorzulegen, wenn niemand gegen das Urteil Berufung eingelegt hat. Der Vorsitzende des Obersten Gerichts gibt nach Anhörung des Obersten Staatsanwalts ein Gutachten ab und läßt dieses mit den Akten dem Justizminister zur Vorlage an den Vorsitzendenrat der Volksrepublik zukommen.

(5) Die Entscheidung über die Frage der Begnadigung wird in Gegenwart des Staatsanwalts, des Beschuldigten und des Verteidigers vom Gericht, das in erster Instanz das Verfahren geführt hat, verkündet. Das Todesurteil ist an dem der Verkündung der die Begnadigung verweigernden Entscheidung nachfolgenden Tag zu vollstrecken.

(6) Einer schwangeren Frau oder einer geisteskranken Person die die Begnadigung verweigernde Entscheidung mitzuteilen und an ihr die Todesstrafe zu vollstrecken, ist vor ihrer Genesung verboten.

(7) Die Vollstreckung der Todesstrafe auf Grund eines Urteils, das in Abwesenheit des Beschuldigten gemäß § 198 Abs. (4) ergangen ist, kann nur auf Grund einer im Wiederaufnahmeverfahren gefällten rechtskräftigen Entscheidung vollzogen werden.

§ 311

(1) Das Gesuch um Einstellung des Strafverfahrens wird vom Obersten Staatsanwalt, das Gesuch um Erlaß der Strafe hingegen vom Justizminister — von Amts wegen oder auf Ersuchen — dem Vorsitzendenrat der Volksrepublik vorgelegt.

(2) Im Falle der Vorlage des Gesuches um Erlaß der Strafe und der auf die Begnadigung gerichteten Vorlage kann der Justizminister den Aufschub oder die Unterbrechung der Strafvollstreckung anordnen.

§ 312

Die eingehenden Vorschriften über die Strafvollstreckung wird eine besondere Rechtsnorm festlegen.

§ 313

(1) Die Zwangsheilbehandlung ist — wenn sie nicht in häuslicher Pflege durchgeführt wird — in einer zu diesem Zweck bestimmten Anstalt oder in dem zu diesem Zweck bestimmten abgesonderten Teil einer Irrenanstalt zu vollstrecken. Die eingehenden Vorschriften über die Durchführung der Zwangsheilbehandlung in sanitären Anstalten bzw. in häuslicher Pflege erläßt der Justizminister in Übereinstimmung mit dem Gesundheitsminister und mit dem Minister des Innern.

(2) Die Vorschriften über die Einweisung in eine Irrenanstalt auf Grund einer nach der Begehung des Verbrechens aufgetretenen Geisteskrankheit [§ 128 Abs. (3)] erläßt der Justizminister in Übereinstimmung mit dem Obersten Staatsanwalt und dem Gesundheitsminister.

XV. Kapitel
KOSTEN DES STRAFVERFAHRENS

§ 314

(1) Strafverfahrenskosten sind alle diejenigen Kosten, die in der Sache von der Einleitung des Verfahrens bis zur Beendigung der Strafvollstreckung vom Staat vorgeschossen worden sind, sowie die in der Sache erwachsenen Barauslagen des Privatklägers und des Beschuldigten, schließlich die Barauslagen und die Gebühr des Vertreters des Privatklägers und des Verteidigers.

(2) In der die Sache abschließenden Entscheidung ist darüber zu entscheiden, wer die Strafverfahrenskosten zu tragen hat bzw. welche Beteiligten und in welchem Verhältnis diese sie zu tragen haben.

§ 315

(1) Die Strafverfahrenskosten werden dann vom Staat vorgeschossen, wenn das Strafverfahren wegen eines von Amts wegen zu verfolgenden Verbrechens oder obwohl auf Antrag eingeleitet wurde, derjenige, der um die Ladung des Zeugen oder des Sachverständigen nachgesucht hat, von den Kosten befreit wurde.

(2) Derjenige, der in einem Privatklageverfahren um die Ladung eines Zeugen oder eines Sachverständigen nachgesucht hat, ist aufzurufen die voraussichtlich erwachsenden Kosten, inbegriffen auch den

Durchschnittslohn des Zeugen für die Zeitdauer des Arbeitsversäumnisses — im Falle einer teilweisen Kostenbefreiung den entsprechenden Anteil an den Kosten — vorhergehend bei dem Gerichtsdepositum zu hinterlegen. Leistet die aufgerufene Person diesem Aufruf keine Folge, so ist von der Ladung des Zeugen oder Sachverständigen abzusehen. Kann infolgedessen die Sache selbst nicht beurteilt werden, so ist das Verfahren einzustellen.

§ 316

(1) Wird der Beschuldigte schuldig gesprochen, so verpflichtet ihn das Gericht zur Erstattung der Strafverfahrenskosten.

(2) War der Beschuldigte wegen mehrerer Verbrechen angeklagt, und ist er nicht in allen schuldig gesprochen worden, so hat er nur die sich auf diejenigen Verbrechen beziehenden Kosten zu tragen, bezüglich derer seine Schuld festgestellt worden ist. Der Beschuldigte wird unter Anwendung dieser Vorschrift von den Strafverfahrenskosten oder eines verhältnismäßigen Teiles davon auch dann befreit, wenn die Kosten bei der Beweisaufnahme eines Tatbestandes (Tatbestandteiles) entstanden sind, für den der Beschuldigte nicht verantwortlich ist.

(3) Im Falle der Verurteilung mehrerer Beschuldigter wird vom Gericht entschieden, ob die Kosten als Gesamtschuld oder in dem festzusetzenden Verhältnis zu tragen sind.

(4) Hat allein der Privatkläger eine Berufung eingelegt und wurde seine Berufung durch das zweitinstanzliche Gericht verworfen, so ist er zur Zahlung der Kosten des Berufungsverfahrens zu verpflichten.

§ 317

(1) Im Falle der Freisprechung des Beschuldigten oder der Einstellung des Verfahrens werden die Strafverfahrenskosten mit Ausnahme der Barauslagen des Beschuldigten sowie der Gebühr und der Barauslagen des Verteidigers vom Staat getragen. Hat aber das Gericht die Begehung des Verbrechens durch den Beschuldigten festgestellt, jedoch von der Zumessung einer Strafe abgesehen bzw. das Verfahren gegen ihn eingestellt, so kann das Gericht den Umständen entsprechend den Beschuldigten zur vollständigen oder teilweisen Erstattung der Strafverfahrenskosten verpflichten.

(2) Ist die Anklage vom Privatkläger vertreten worden, so ist er im Falle der Freisprechung des Beschuldigten oder der Einstellung des Verfahrens zur Erstattung der Strafverfahrenskosten zu verpflichten. Hat aber das Gericht die Begehung des Verbrechens durch den Beschuldigten festgestellt, jedoch das Verfahren eingestellt, ferner wenn das Verfahren durch den Vorsitzenden des Senats (Volksbeisitzer, Gerichtssekretär) auf Grund des § 187 Abs. (2) oder durch das Gericht auf Grund des § 221 Abs. (2) unter c) eingestellt wurde, so kann der Beschuldigte den Umständen entsprechend zur vollständigen oder

teilweisen Erstattung der Strafverfahrenskosten verpflichtet werden. Unter mehreren Privatklägern wird das Verhältnis der Kostentragung vom Gericht festgesetzt.

(3) Im Falle der Einstellung des Verfahrens nach StGB § 275 Abs. (4) wird der Beschuldigte durch das Gericht zur Zahlung der Strafverfahrenskosten verpflichtet.

§ 318

Hat das Gericht den von der Privatpartei geltend gemachten zivilrechtlichen Anspruch zugesprochen, so verpflichtet es den Beschuldigten zur Erstattung der Barauslagen der Privatpartei sowie der Barauslagen und der Gebühr des Vertreters der Privatpartei. Ist der Anspruch teilweise zugesprochen, so ist der Beschuldigte im entsprechenden Verhältnis zur Erstattung zu verpflichten. Außer in diesen Fällen hat die Privatpartei die erwähnten Kosten zu tragen.

§ 319

Der Justizminister wird ermächtigt, die Vorschriften über den Vorschuß der Strafverfahrenskosten sowie über die Vollstreckung und Verrechnung der dem Staat gebührenden Strafverfahrenskosten im Einvernehmen mit dem Finanzminister festzusetzen.

XVI. Kapitel
EINZELNE BESONDERE BESTIMMUNGEN HINSICHTLICH DES STRAFVERFAHRENS GEGEN JUGENDLICHE

§ 320

Die Vorschriften dieses Gesetzes sind beim Strafverfahren gegen Jugendliche mit den in diesem Kapitel angeführten Unterscheidungen anzuwenden[60].

Gerichte der Jugendlichen und ihre sachliche Zuständigkeit

§ 321

(1) Die sachliche Zuständigkeit des Komitatsgerichts erstreckt sich auch auf Jugendliche in Sachen, in denen das Komitatsgericht gegen Erwachsenen in erster Instanz verfährt.

(2) In Sachen der Jugendlichen, die nach der vorherigen Vorschrift nicht zur sachlichen Zuständigkeit des Komitatsgerichts gehören, erkennen in erster Instanz die vom Justizminister bestimmten Bezirksgerichte als Jugendgerichte.

(3) Strafsachen der Jugendlichen, die zur sachlichen Zuständigkeit der Bezirksgerichte gehören, werden in der Regel auch dann abgesondert durch das Jugendgericht abgeurteilt, wenn sie mit der Sache

[60] Nach § 357 können die Vorschriften des XVI. Kapitels auf Militärpersonen nicht angewendet werden.

eines Erwachsenen zusammenhängen. Das in der Sache ansonsten örtlich zuständige Bezirksgericht kann bei Vorliegen eines schwerwiegenden Grundes die Sache des Jugendlichen zusammen mit der Sache des Erwachsenen in seine Zuständigkeit einbeziehen; gegen diesen Beschluß kann keine Berufung eingelegt werden.

(4) Die Vorschriften dieses Kapitels sind — mit Ausnahme der Anordnung des ersten Satzes des § 324 Abs. (1) bezüglich des vorgehenden Staatsanwalts — auch dann anzuwenden, wenn in der Sache des Jugendlichen erstinstanzlich das Komitatsgericht verfährt oder das Bezirksgericht in der Sache des Jugendlichen zusammen mit der Sache des Erwachsenen entscheidet.

§ 322

Die Berufsrichter des Jugendgerichts werden vom Justizminister bestimmt; ist der bestimmte Berufsrichter verhindert, so sorgt der Vorsitzende des Gerichts für seine Ersetzung.

§ 323

Dem Senat des Jugendgerichts gehören als Beisitzer (Ersatzbeisitzer) ein Mitglied der Lehrergewerkschaft und eine Frau, die vom Komitats-(Budapester Hauptstadt-) bzw. vom Kreisrat gewählt wird, an. Die organisatorischen Anordnungen hinsichtlich der Beisitzer der Jugendgerichte werden unter Beachtung der allgemeinen Bestimmungen über die Beisitzer vom Justizminister im Verordnungswege festgesetzt.

Der Staatsanwalt

§ 324

(1) In Sachen, die zur sachlichen Zuständigkeit des Jugendgerichts gehören, wird die Anklage durch den vom Oberstaatsanwalt bestimmten Staatsanwalt vertreten. Die Teilnahme des Staatsanwalts an der Verhandlung ist verbindlich.

(2) Im Strafverfahren gegen Jugendliche ist Privatklage nicht statthaft; auch im Falle der in § 32 Abs. (1) bezeichneten Verbrechen geht der Staatsanwalt vor.

Verteidigung

§ 325

Im Strafverfahren gegen den jugendlichen Beschuldigten ist die Teilnahme des Verteidigers nach dem Abschluß der Ermittlungen verbindlich.

Vernehmung des Beschuldigten

§ 326

Bei der Vernehmung des jugendlichen Beschuldigten während der Ermittlungen kann ein Pädagoge zugegen sein.

Besorgung der Geburtsurkunde und einer Umgebungsschilderung

§ 327

Die Geburtsurkunde und eine Umgebungsschilderung des Jugendlichen ist schon während der Ermittlungen zu besorgen.

Vorläufige Festnahme

§ 328

(1) Eine vorläufige Festnahme gegen einen Jugendlichen kann auch im Falle der gesetzlichen Vorbedingungen nur dann angeordnet werden, wenn dies wegen der besonderen Schwere des Verbrechens oder weil der Jugendliche in seiner bisherigen Umgebung nicht belassen werden kann, notwendig ist.

(2) Die vorläufige Festnahme des Jugendlichen ist nach der Verfügung der anordnenden Behörde entweder in einer für die Festnahme von Erwachsenen bestimmten Räumlichkeit, jedoch unter Absonderung des Jugendlichen, oder in einer zur vorübergehenden Unterbringung von Jugendlichen dienenden Anstalt vorzunehmen.

Anwendung der Verwarnung während der Ermittlungen

§ 329

Ist der Beschuldigte ein Jugendlicher, so ist der die Verwarnung enthaltende Einstellungsbeschluß im Beisein des Jugendlichen und seines gesetzlichen Vertreters (Helfers) zu verkünden.

Vorbereitende Sitzung

§ 330

Wird der jugendliche Beschuldigte zur vorbereitenden Sitzung geladen, so ist auch sein gesetzlicher Vertreter (Helfer) zu laden.

Verhandlung

§ 331

Die Öffentlichkeit ist bei der Verhandlung einer Strafsache gegen einen Jugendlichen außer in den in § 10 bezeichneten Fällen auch dann auszuschließen, wenn dies im Interesse des Jugendlichen geboten ist.

§ 332

(1) Die Verhandlung kann auch in Sachen, in denen der Gegenstand der Anklage ausschließlich ein mit einer Geldstrafe bedrohtes Verbrechen ist (§ 198 Abs. (3)), nicht ohne die Anwesenheit des jugendlichen Beschuldigten durchgeführt werden.

(2) Das Gericht kann anordnen, daß die Verhandlung in dem Teil, der die sittliche Entwicklung des Jugendlichen gefährden könnte, in

Abwesenheit des Jugendlichen durchgeführt wird. Der Vorsitzende des Senats hat den jugendlichen Beschuldigten von dem wesentlichen Ergebnis der in seiner Abwesenheit durchgeführten Verhandlung spätestens vor der Beschlußfassung zu unterrichten.

(3) Die Schulbehörde des Jugendlichen ist auch von der Anberaumung der Verhandlung in der Sache eines Jugendlichen zu benachrichtigen.

§ 333

(1) In der Strafsache gegen einen Jugendlichen ist womöglich zusammen mit dem Jugendlichen sein gesetzlicher Vertreter (Helfer) zu laden und als Zeuge für die Aufklärung der Umstände zu vernehmen, die zur Erkenntnis der Persönlichkeit, der geistigen Entwicklung und der Lebensverhältnisse des Jugendlichen notwendig sind. Die in § 65 bezeichnete Berechtigung der Verweigerung der Zeugenaussage erstreckt sich nicht auf die Mitteilung der diesbezüglichen Angaben.

(2) Erscheint der vorschriftsmäßig geladene Jugendliche nicht in der Verhandlung und weist der nach der vorherigen Bestimmung mit ihm zusammen als Zeuge geladene gesetzliche Vertreter (Helfer) nicht nach, daß er das Ausbleiben des Jugendlichen nicht verschuldet hat, so kann das Gericht den gesetzlichen Vertreter (Helfer) unter entsprechender Anwendung des § 71 mit einer Geldbuße belegen und zum Ersatz der durch das Ausbleiben des Jugendlichen verursachten Kosten verpflichten.

(3) Das Gericht kann in Strafsachen von Jugendlichen als Sachverständigen einen fachkundigen Erzieher anhören, oder auch das Gutachten des zuständigen Fachorgans des Gemeinderates oder der Jugendorganisation einholen. Erachtet das Gericht gegen den Jugendlichen die Anordnung der Heilerziehung als notwendig, so hat es die Pflicht, vor seiner Beschlußfassung als Sachverständigen einen fachlich ausgebildeten Heilpädagogen zuzuziehen[61].

Beschluß

§ 334

(1) In Beschlüssen, die eine richterliche Rüge, Bewährungsprobe, Erziehung in einer Besserungsanstalt oder Heilerziehung anordnen, ist von der Schuldigsprechung abzusehen.

(2) Über die Erstattung der Strafverfahrenskosten ist auch in den erwähnten Fällen ebenso zu verfügen, wie wenn der jugendliche Beschuldigte schuldig gesprochen worden wäre.

(3) In Strafsachen gegen Jugendliche kann nicht auf Geldstrafe ohne Verhandlung (§§ 192—196) erkannt werden.

(4) Die in Strafsachen gegen Jugendliche ergangenen Beschlüsse sind auch dem gesetzlichen Vertreter (Helfer) mitzuteilen.

---

[61] Heilerziehung: StGB § 101.

Berufung

§ 335

(1) In Sachen, in denen das Bezirksgericht als Jugendgericht in erster Instanz erkannt hat, verfährt in zweiter Instanz das Komitatsgericht.

(2) Die Verfahrensvorschriften der vorherigen Paragraphen sind gegen Jugendliche — mit Ausnahme des § 324 Abs. (1) und § 332 Abs. (1) — auch im zweitinstanzlichen Verfahren anzuwenden.

§ 336

Außer den in § 234 Aufgezählten kann der gesetzliche Vertreter des Beschuldigten — auch gegen den ausdrücklichen Willen des Beschuldigten — Berufung einlegen.

§ 337

Die gegen das erstinstanzliche Urteil eingelegte Berufung hat hinsichtlich der Vollstreckung der Erziehung in einer Besserungsanstalt und der Heilerziehung keine aufschiebende Wirkung, das Gericht kann jedoch unter Erwägung der persönlichen Umstände des Jugendlichen die Vollstreckung aussetzen[62].

§ 338

Die von den übrigen Berufungsberechtigten eingelegte Berufung gegen die Anordnung der richterlichen Rüge oder der Bewährungsprobe ist nur dann wirksam, wenn gegen diese Anordnungen auch der Staatsanwalt Berufung einlegt[63].

Mitteilung des Beschlusses

§ 339

Der in der Sache des Jugendlichen ergangene rechtskräftige Beschluß ist auch der Schulbehörde des Jugendlichen zuzustellen.

Wiederaufnahme des Verfahrens

§ 340

(1) Zugunsten des jugendlichen Beschuldigten kann — außer von den in § 272 Aufgezählten — um die Wiederaufnahme des Verfahrens von seinem gesetzlichen Vertreter auch gegen den ausdrücklichen Willen des Beschuldigten nachgesucht werden.

(2) Wurde in einem rechtskräftigen Beschluß auf Bewährungsprobe oder richterliche Rüge erkannt, so ist Wiederaufnahme des Verfahrens zugunsten des Jugendlichen nicht statthaft.

---

[62] Erziehung in einer Besserungsanstalt: StGB § 91; Heilerziehung: StGB § 101.

[63] Richterliche Rüge: StGB § 89; Bewährungsprobe: StGB § 90.

Besondere Verfahren

§ 341

In den Fällen der §§ 90 Abs. (2)—(4) und 91 Abs. (3) StGB entscheidet das Gericht nach der Vornahme der nötigen Beweisaufnahme in Verhandlung[64].

Vollstreckung der Strafe

§ 342

Die ausführlichen Bestimmungen über die Vollstreckung der gegen die Jugendlichen angewendeten Strafen und Erziehungsmaßnahmen werden unter besonderer Berücksichtigung der erzieherischen Interessen der Jugendlichen vom Justizminister im Einvernehmen mit den beteiligten Ministern festgesetzt.

XVII. Kapitel
EINZELNE BESONDERE BESTIMMUNGEN HINSICHTLICH DES MILITÄRSTRAFVERFAHRENS

§ 343

Die Vorschriften dieses Gesetzes sind im Militärstrafverfahren mit den in diesem Kapitel angeführten Unterscheidungen anzuwenden.

Ermittlungsbehörde

§ 344

(1) Ermittlungsbehörden sind außer der Militäranwaltschaft der zuständige Befehlshaber oder Vorgesetzte und im von besonderen Rechtsvorschriften festgesetzten Kreise auch das zuständige Polizeiorgan.

(2) Unaufschiebbare Ermittlungshandlungen können auch von den ordentlichen Ermittlungsbehörden (§ 14) durchgeführt werden.

Staatsanwalt

§ 345

Im Militärstrafverfahren werden die Befugnisse des Komitatsoberstaatsanwalts vom Leiter der Militäranwaltschaft ausgeübt.

Militärgerichte

§ 346

(1) Militärgerichte sind tätig — entsprechend der besonderen Rechtsnormen —

a) bei einzelnen höheren militärischen Einheiten,

b) in einzelnen größeren militärischen Standorten.

---

[64] Die bezeichneten Anordnungen beziehen sich auf die Feststellung der erfolgreichen bzw. erfolglosen Erziehung in einer Besserungsanstalt bzw. auf den Erfolg oder Mißerfolg der Bewährungsprobe.

(2) In Sachen, für die das Militärgericht zuständig ist, urteilt in zweiter Instanz das Oberste Gericht.

Besetzung der Senate des Militärgerichts und Abstimmungsordnung der Militärrichter

§ 347

(1) Die Militärbeisitzer des in erster Instanz erkennenden Senats können nicht einer niedrigeren Dienstgradgruppe angehören als der Beschuldigte.

(2) Im Senat des Militärgerichts gibt der Richter mit dem niedrigeren Dienstgrad seine Stimme vor dem Richter mit dem höheren Dienstgrad ab. Bei gleichem Dienstgrad stimmt derjenige zuerst, der in dem Dienstgrad später vorgerückt ist. Der Vorsitzende des Senats gibt seine Stimme als letzter ab.

Ausschließung der Privatklage

§ 348

Im Militärstrafverfahren ist keine Privatklage statthaft; auch bei den in § 32 Abs. (1) bezeichneten Verbrechen wird die Anklage vom Militäranwalt vertreten.

Sachliche Zuständigkeit der Militärgerichte

§ 349

(1) Zur sachlichen Zuständigkeit des Militärgerichts gehört das Verfahren

a) wegen irgendeines Verbrechens, das von Militärpersonen [StGB § 103 Abs. (1)] während der Dauer ihres aktiven Dienstes begangen wird,

b) wegen Verbrechen, die von Zivilangestellten der bewaffneten Kräfte und der auf Grund des StGB § 103 Abs. (1) in einem besonderen Gesetz bezeichneten polizeilichen Körperschaften im Zusammenhang mit ihren Dienstobliegenheiten begangen worden sind,

c) wegen Verbrechen, die von Mitgliedern der Arbeitermiliz während der Dauer ihres Dienstes oder im Zusammenhang damit begangen worden sind.

(2) Die sachliche Zuständigkeit des Militärgerichts erstreckt sich auch auf diejenigen Zivilpersonen, die

a) Verbrechen gegen die Landesverteidigungspflichten (StGB XI. Kapitel 5. Titel),

b) andere sonstige Verbrechen, die das Interesse der Landesverteidigung unmittelbar verletzen oder gefährden, begehen.

(3) Erscheint die Trennung nicht angezeigt, so wird das Verfahren gemeinschaftlich vom Militärgericht fortgeführt, wenn

a) dieselbe Person wegen mehrerer Verbrechen beschuldigt ist und eines von diesen der sachlichen Zuständigkeit des Militärgerichts angehört;
b) das Verbrechen von mehreren begangen worden ist und hinsichtlich einer Person das Verfahren zur sachlichen Zuständigkeit des Militärgerichts gehört; diese Vorschrift erstreckt sich auch auf den Begünstiger, den Hehler und auf die Person, die es unterläßt Anzeige zu erstatten.

Örtliche Zuständigkeit der Militärgerichte

§ 350

(1) Die örtliche Zuständigkeit der bei höheren militärischen Einheiten tätigen Gerichte erstreckt sich auf Verbrechen von Personen, die zum Stand der entsprechenden höheren Einheiten gehören.

(2) Die in größeren militärischen Standorten errichteten Gerichte gehen vor
a) im Falle solcher Verbrechen, die nicht zur örtlichen Zuständigkeit der bei höheren militärischen Einheiten tätigen Gerichte gehören, die jedoch auf ihrem örtlichen Zuständigkeitsgebiet begangen worden sind;
b) auch im Falle von Verbrechen, die außerhalb ihres örtlichen Zuständigkeitsgebiets begangen worden sind, wenn der Standort des zuständigen Befehlshabers des Verübers auf dem Gebiet des Gerichts ist, sofern der Militäranwalt die Sache diesem Gericht zur Aburteilung vorlegt.

§ 351

Im Rahmen der Militärstrafverfahren gehört das Verfahren zur ausschließlichen örtlichen Zuständigkeit des Budapester Militärgerichts, wenn Verbrechen vorliegen, die nach § 50 zur ausschließlichen örtlichen Zuständigkeit des Budapester Hauptstadtgerichts sowie nach § 52 Abs. (1) zur Zuständigkeit des Zentralen Bezirksgerichts in Pest gehören.

Disziplinarische Ahndung des Verbrechens

§ 352

(1) Der zuständige Befehlshaber (Leiter) ahndet in einem dem StGB § 106 entsprechenden Fall das durch eine Militärperson begangene Verbrechen disziplinarisch.

(2) Erweist sich die Notwendigkeit der disziplinarischen Ahndung vor dem Militäranwalt, so legt der Militäranwalt die Sache gleichzeitig mit der Verweigerung bzw. Einstellung des Verfahrens zur disziplinarischen Ahndung dem zuständigen Befehlshaber (Leiter) vor.

(3) Erweist sich die Notwendigkeit der disziplinarischen Ahndung vor dem Militärgericht, so überweist das Militärgericht die Sache ent-

weder in vorbereitender Sitzung oder in der Verhandlung ebenfalls gleichzeitig mit der Einstellung des Verfahrens dem zuständigen Befehlshaber (Leiter).

(4) Erachtet das zweitinstanzliche Gericht entgegen dem auf Strafe erkennenden Urteil des erstinstanzlichen Gerichtes den StGB § 106 für anwendbar, so hebt es das erstinstanzliche Urteil auf, stellt das Strafverfahren ein und überweist die Sache zur disziplinarischen Ahndung dem zuständigen Befehlshaber (Leiter).

(5) Wegen eines in gesetzlicher Zuständigkeit mit Disziplinarbeschluß abgeurteilten Verbrechens kann nachträglich kein Strafverfahren eingeleitet werden.

(6) Die Vorschriften dieses Paragraphen sind auch dann entsprechend anzuwenden, wenn die Handlung der Militärperson nur eine Vorschriftsverletzung verwirklicht.

Vorläufige Festnahme

§ 353

(1) Gegen eine Militärperson kann auch in dem Fall die vorläufige Festnahme angeordnet werden, wenn der Beschuldigte aus dienstlichem oder disziplinarischem Grund nicht auf freiem Fuß gelassen werden kann.

(2) Personen, die unter das Militärstrafverfahren fallen, können nur von der militärischen Ermittlungsbehörde [§ 344 Abs. (1)] festgenommen werden, es sei denn, daß sie auf frischer Tat betroffen werden, daß sie flüchtig sind oder Fluchtgefahr besteht.

Strenge Aufsicht

§ 354

Besteht kein Grund zur vorläufigen Festnahme einer aktiven Militärperson, so kann sie, wenn dies im Interesse des Verfahrens oder aus disziplinarischen Gründen notwendig ist, in ihrer Einheit unter strenge Aufsicht gestellt werden.

Besondere Verfahren

§ 355

(1) Die durch rechtskräftige Urteile eines Strafgerichts und eines Militärgerichts ausgesprochenen Strafen werden durch das Militärgericht zu einer Gesamtstrafe zusammengefaßt.

(2) Über die bedingte Haftentlassung und über die Aufhebung der bedingten Haftentlassung einer vom Militärgericht verurteilten Person entscheidet das örtlich zuständige [§ 289 Abs. (1) bzw. § 291 Abs. (1)] Militärgericht.

(3) Ist das Urteil durch ein Militärgericht ergangen, so wird das Verfahren bezüglich der Befreiung von den an das bestrafte Vorleben sich anschließenden Nachteilen (§§ 299—301) vom Militärgericht durchgeführt[65].

Kosten des Strafverfahrens

§ 356

Im gegen eine Militärperson eingeleiteten Strafverfahren werden die Strafverfahrenskosten — mit Ausnahme der Barauslagen und der Gebühren des bevollmächtigten Verteidigers sowie der Vertreter des Verletzten und der übrigen Beteiligten, schließlich mit Ausnahme der in Zusammenhang mit der im Kerker (Strafvollzugsarbeitsplatz) vollgestreckten Freiheitsstrafe erwachsenen Kosten — vom Staat getragen.

Ausschließung der Anwendung der Vorschriften hinsichtlich der Jugendlichen

§ 357

Auf Militärpersonen können die Vorschriften des XVI. Kapitels nicht angewendet werden.

XVIII. Kapitel
VERSCHIEDENE ANORDNUNGEN

§ 358

61) Durch dieses Gesetz werden die Wirkungen der diplomatischen oder sonstigen persönlichen Immunität[66] sowie die besonderen Verfahrensvorschriften, die mit der diplomatischen oder sonstigen persönlichen Immunität zusammenhängen, nicht berührt.

(2) Auch das Immunitätsrecht der Abgeordneten des Landtags wird durch das Gesetz nicht berührt.

§ 359

(1) Vor Erteilung des Verlangens oder vor der zur Durchführung des Verfahrens erforderlichen Anzeige kann das Verfahren nicht über die Ermittlungen hinausgehen.

(2) Der Mangel des Verlangens oder der Anzeige ist in gleicher Weise zu berücksichtigen wie die Strafausschließungsgründe[67].

---

[65] Gesamtstrafenbildung: § 283.

[66] Der frühere Ausdruck „Exterritorialität" steht im Gegensatz zu dem Prinzip der staatlichen Souverenität, deshalb die Bezeichnung „diplomatische Immunität". (Strafgesetzbuch der Ungarischen Volksrepublik, veröffentlicht durch das Justizministerium, Budapest 1962. StGB-Begr.).

[67] Verlangen: StGB § 270 Abs. (3).

§ 360

Die Ersuchen der anderen Gerichte können außer vom Richter des Bezirksgerichts, den der Vorsitzende bestimmt, auch vom Notar und vom Gerichtssekretär vorgenommen werden.

§ 361

Begeht in den in § 4 Abs (2) StGB bezeichneten Fällen die auf dem Schiff (Flugzeug) befindliche Person ein Verbrechen, so ist der Schiffskommandant (Befehlshaber des Flugzeugs) als Ermittlungsbehörde zu betrachten.

§ 362

(1) Mit dem Inkrafttreten dieses Gesetzes treten — mit den in Abs. (2) bezeichneten Ausnahmen — alle früheren Rechtsnormen, die sich auf Fragen beziehen, die in diesem Gesetz geregelt wurden, außer Kraft.

(2) Bis auf weiteres bleiben auch nach dem Inkrafttreten dieses Gesetzes in Kraft:

das XVIII. Gesetz von 1937 über die Verfahrensvorschriften hinsichtlich der Exterritorialität und der persönlichen Befreiung von der Gerichtsbarkeit;

die §§ 31 und 32 der GkVO Nr. 34 von 1957 über die Volksgerichtssenate und über die Regelung einzelner Fragen der Gerichtsverfassung sowie des Strafverfahrens;

die Regierungsverordnung Nr. 480/1949 (I. 16) über die Übergabe der während des Strafverfahrens beschlagnahmten ausländischen Zahlungsmittel und Gelder an die Ungarische Nationalbank;

die Verordnung des Ministerrates Nr. 24/1950 (I. 21) M. T. über die Kosten der Sicherungsverwahrung; wo diese Verordnung Sicherungsverwahrung erwähnt, ist Zwangsheilbehandlung zu verstehen;

die Regierungsverordnung Nr. 14/1957 (III. 2), modifiziert durch die Regierungsverordnung Nr. 3/1958 (I. 23);

die §§ 13—23 der Regierungsverordnung Nr. 26/1959 (V. I.) über einzelne Fragen hinsichtlich der Presse.

(3) Der § 14 Abs. (3) des II. Gesetz von 1954 über die Gerichtsverfassung der Ungarischen Volksrepublik wird durch die folgende Vorschrift ergänzt: „Die zweitinstanzlich erkennenden Gerichte können in den in verfahrensrechtlichen Rechtsnormen festgesetzten Fällen auch Beweisaufnahme vornehmen.“

(4) Anstatt von § 33 des II. Gesetzes von 1954 tritt die folgende Anordnung: „Die sachliche Zuständigkeit der Militärgerichte erstreckt sich auf Verbrechen, die von Militärpersonen und von Angehörigen der in besonderer Rechtsnorm bezeichneten polizeilichen Körperschaften begangen worden sind, sowie auf Verbrechen, die von anderen Personen begangen worden sind, die in einer verfahrensrechtlichen Rechtsnorm bezeichnet sind und ferner auf Verbrechen, die das

Interesse der Landesverteidigung unmittelbar verletzen oder gefährden und auf Verbrechen gegen die Landesverteidigungspflichten."

§ 363

(1) Den Tag des Inkrafttretens dieser gesetzeskräftigen Verordnung und die nötigen Übergangsbestimmungen setzt der Justizminister — im Einvernehmen mit dem Ministern des Innern und dem Obersten Staatsanwalt — fest.

(2) Der Justizminister wird zur Veröffentlichung des Verzeichnisses der außer Kraft gesetzten früheren Rechtsnormen ermächtigt.

FSC
www.fsc.org
MIX
Papier | Fördert gute Waldnutzung
FSC® C083411

Kolibri 360 GmbH
Ferdinand-Jühlke-Straße 7
99095 Erfurt, Deutschland
produktsicherheit@kolibri360.de